W0184414

GABRIELE GIESLER

Das Women's Health Kochbuch

TRAUMBODY-REZEPTE: LECKER ESSEN UND TROTZDEM SCHLANK BLEIBEN

südwest

INHALT

VORWORT

Liebe Leserin,

zugegeben: Wer steht nicht auf den Quickie nach Feierabend? Backofen an, Karton auf, Backblech rein – und dann einfach nur warten, bis die Pizza fertig ist. Bequemer geht's nicht! Das kostet wenig Zeit, ist relativ günstig und Sie müssen nicht lang überlegen. Was dabei aber auf der Strecke bleibt, sind Genuss und Geschmack. Denn ganz ehrlich: Eine Tiefkühlpizza kann mit etwas Selbstgekochtem in keiner Weise mithalten. Und in fast allen Fertiggerichten steckt viel drin, was der Körper eigentlich nicht so gerne haben will: Transfettsäuren, raffinierte Kohlenhydrate, Zusatzstoffe aller Art und eine hohe Kaloriendichte bei gleichzeitig geringer Nährstoffdichte. Das ist ziemlich ungünstig und der Preis für die Bequemlichkeit.

Dabei ist Kochen weder schwer noch muss es immer total aufwendig sein. Wir haben für Sie Rezepte entwickelt, die Sie je nach Gemütslage und Zeitbudget zubereiten können und die zu Ihnen und Ihrem Leben passen – und keine, an die Sie sich morgens, mittags oder abends anpassen müssen. So gibt es etwa Frühstück in unter 10 Minuten, leckeres Essen fürs Büro sowie Muskelfood für nach dem Sport. Selbstverständlich darf auch geschlemmt werden, denn Cheatdays gehören zu jedem anständigen Ernährungsplan dazu. Trotzdem bleibt alles ausgewogen und gesund.

Bevor es jedoch zu den Rezepten geht, gibt es noch eine Menge Tipps und Tricks zu einzelnen Lebensmitteln, unverzichtbaren Küchentools und kleinen Küchenpannen. Außerdem die besten Tipps für jedes Ernährungsziel. Trotzdem steht Genuss an oberster Stelle bei diesem Buch. Denn gesundes Essen macht Spaß und muss schmecken. Stay strong, not skinny!

Herzlichst Ihre

Gabriele Giesler
Women's Health

CLEVER EINGEKAUFT

Endlich ist es so weit

Die Zeit des Kalorienzählens und der Selbstkasteiung ist vorbei. Auf einen schlanken, sexy Body müssen Sie deshalb trotzdem nicht verzichten, denn leckeres und gesundes Essen schließen sich mit der richtigen Strategie nicht aus. Ganz im Gegenteil: Es ist sogar extrem simpel, aus einfachen Lebensmitteln richtiges Powerfood zu machen.

Allerdings kann selbst der beste Koch aus schlechten Produkten kein gutes Essen zaubern. Lebensmittelauswahl und -qualität sind daher der wichtigste Aspekt für eine gesunde Mahlzeit. Je unverarbeiteter die Produkte sind, desto weniger Zusatzstoffe stecken drin, die den Körper belasten können. Fertigprodukte wie Tiefkühlpizza bleiben deshalb ab sofort im Supermarkt, denn sie enthalten häufig Geschmacksverstärker, Farbstoffe und Konservierungsmittel, die auf dem Teller nichts zu suchen haben. Übrigens: Das Argument, dass Fertiggerichte viel schneller zubereitet und günstiger sind, werden Sie sofort vergessen, wenn Sie das Kapitel mit den Blitzrezepten aufgeschlagen haben.

Obst und Gemüse der Saison kaufen

Die Preise für Obst und Gemüse schwanken im Jahresrhythmus, denn natürlich sind Erdbeeren, die außerhalb der eigentlichen Saison unter Planen und mit viel Energie und Dünger in Spanien großgezogen werden, teurer als jene Erdbeeren, die bei uns ab Hof zur Hochsaison verkauft werden. Wer sich ein bisschen an den Jahreszeiten orientiert und nicht komplett antizyklisch isst, der kann viel Geld sparen, die Umwelt schonen und sich gesünder ernähren, vor allem, wenn er dabei zu Bio-Ware greift.

Das Auge isst mit

Bunte Farben machen ein Gericht erst so richtig appetitlich. Das weiß jeder, der schon mal in einer schlechten Kantine Kartoffelbrei, Sauerkraut und Würstchen gegessen hat, die lieblos auf den Teller geklatscht wurden. Dabei hat die Natur alle Farben des Regenbogens zu bieten, und genauso sollte Ihr Teller bei jedem Essen aussehen. Denn wenn Sie über den Tag verteilt frische Lebenmittel aus allen Farbgruppen (Weiß, Gelb/Orange, Rot, Grün, Blau/Lila) auswählen, können Sie sichergehen, dass Sie von allen sekundären Pflanzenstoffen etwas abbekommen haben, da sich diese in der Farbe unterscheiden. Auch ist der Gehalt von Vitaminen und Mineralstoffen bei gleichfarbigen Obst- und Gemüsearten häufig ähnlich. Grünes Blattgemüse enthält beispielsweise oft viel Magnesium und Kalzium. In roten und orangen Gemüsearten leuchtet dagegen das Betacarotin. Fazit: Je vielfältiger die Auswahl ist, desto gesünder wird der Mix auf dem Teller.

Bio oder nicht?

Für Bio-Lebensmittel gelten strengere Richtlinien als für konventionell erzeugte Lebensmittel, sodass Obst, Gemüse und Kräuter weniger Pestizide – und tierische Produkte keine Medikamentenrückstände – enthalten dürfen. Die Tiere werden zudem unter etwas besseren Bedingungen als in konventioneller Aufzucht gehalten. In der Regel ist bio deshalb besser. Es gibt allerdings auch Ausnahmen. Um ein Bio-Siegel zu erhalten, müssen sich die Bauern sehr penibel an verschiedene Vorgaben halten. Speziell für kleine Betriebe oder Höfe mit wenig Angestellten ist das aber schlicht ein zu großer Aufwand, den sie neben ihrer Arbeit nicht bewältigen können. Trotzdem werden die Produkte dort oft in Bio-Qualität produziert – nur eben ohne das Siegel zu haben. Diese Lebensmittel kann man über regionale Gemüsekisten oder kleine Wochenmärkte beziehen. Im Supermarkt gibt es zwar auch immer häufiger Produkte mit dem Hinweis »regional«, diese Regionen sind geografisch aber weiter gefasst.

Neue Produkte einbeziehen

Neben den All-time-Favourites aus den europäischen Gefilden gibt es auch so manche Pflanzen aus anderen Regionen der Welt, bei denen es sich absolut lohnt, sie auch mal in den Speiseplan zu integrieren. Sie werden oft als »Superfoods« bezeichnet. Dabei muss man es nicht übertreiben, denn auch hierzulande haben wir mit Leinsamen, Rapsöl, Grünkohl, Heidelbeeren oder Walnüssen extrem gesunde Superfoods, die nichts zu wünschen übrig lassen. Unsere heimischen Produkte sind die Grundlage unserer Ernährung, die jedoch durch Exoten wie Chiasamen, Kokosöl, Weizengras, Gojibeeren oder Hanfsamen ergänzt werden dürfen.

Warenkunde von Superstars

Zum besseren Verständnis, was es Neues am Markt gibt, folgt eine kleine Warenkunde:

Açai-Pulver

Die dunkle Färbung der Beeren verrät den hohen Gehalt an Polyphenolen mit ihrer antioxidativen Wirkung. Neben Vitaminen und Mineralstoffen, enthält die Beere zudem Omega-3-Fettsäuren, welche die Durchblutung fördern und sich positiv auf das Herz-Kreislauf-System auswirken. Die Beere kommt hierzulande in Pulverform in den Handel und kann in Smoothies und anderen Getränken verwendet werden. Ebenso beliebt ist das tiefgekühlte Fruchtpüree, das für Bowls verwendet wird.

Agavendicksaft

Der süße Sirup besteht fast zu 100 Prozent aus Fruchtzucker und wird damit insulinunabhängig von der Leber verstoffwechselt. In zu großen Mengen kann dies zu Verdauungsproblemen führen und eine Insulinresistenz fördern. Trotzdem enthält Agavendicksaft, wie auch Apfel-, Birnen- und Traubendicksaft, mehr Mineralstoffe und Spurenelemente als raffinierter Zucker. Die genannten Produkte sind vegane Alternativen zu Honig und können zum Süßen verwendet werden.

Pflanzenmargarine

Nicht jede Margarine ist empfehlenswert, da einige einem kleinen Chemiebaukasten gleichen. Es gibt jedoch Produkte, die frei von gehärteten Fetten, Transfettsäuren, Cholesterin und jeglichen Milchbestandteilen sind, wie etwa Alsan. Da das enthaltene Palmkernfett von Natur aus einen sehr hohen Schmelzpunkt hat, kann diese Pflanzenmargarine wie Butter verwendet werden. Sie ist in jedem größeren Supermarkt und jedem Bio-Laden im Kühlregal zu finden.

Amaranth

Auf dem amerikanischen Kontinent ernährten sich schon die indigenen Völker – von den Azteken bis zu den Inkas – von dem glutenfreien Pseudogetreide. Es ist besonders protein- und ballaststoffreich und enthält viel Kalzium, Magnesium und Eisen. Durch den hohen Gehalt der Aminosäure Lysin haben die kleinen Körner zudem eine hohe biologische Wertigkeit. Amaranth kann als Beilage, Reisersatz, für Salate oder zur Zubereitung von Brot oder Bratlingen verwendet werden.

Buchweizen

Exotisch ist Buchweizen natürlich nicht, dennoch ist er auch in unseren Breitengraden fast komplett in Vergessenheit geraten. Obwohl er den Weizen im Namen trägt, ist das Knöterichgewächs glutenfrei. Wie Amaranth ist Buchweizen sehr protein- und lysinreich. Weiterhin sind die Vitamine E, B_1 und B_2 sowie die Mineralstoffe Kalium, Eisen, Kalzium, Magnesium und Kieselsäure hervorzuheben. Buchweizen kann im Ganzen gekocht und als Beilage oder zu Mehl verarbeitet für Pfannkuchen oder als Brotbestandteil benutzt werden. Die Körnchen lassen sich auch zum Keimen bringen – wodurch sich der Vitamin- und Enzymgehalt vervielfacht – und schmecken dann besonders gut im Müsli.

Chiasamen

In den kleinen Powersamen aus den Anden steckt so ziemlich alles, was gesund ist. Und das in rauen Mengen. Deshalb werden sie mittlerweile in Brot, Müsli, Porridge, Joghurt, Salat oder sogar in Getränken verarbeitet. In ihnen stecken zehnmal mehr Omega-3-Fettsäuren als in Lachs, neunmal mehr Antioxidantien als in Orangen, viermal mehr Eisen als in Spinat, fünfmal mehr Kalzium als in Milch, 15-mal mehr Magnesium als in Brokkoli und viermal mehr Ballaststoffe als in Leinsamen.

Currypaste

In Asia-Shops ist die Auswahl an Currypasten am größten, aber auch viele Supermärkte sind mittlerweile mit einer guten Basis ausgestattet. Grüne Currypaste besteht zu 50 Prozent aus frischen thailändischen Chilischoten und ist damit die schärfste. Danach kommt die rote Currypaste, während die gelbe die mildeste ist.

Edamame

In Japan sind die jungen Sojabohnenkerne auf dem Bartresen so beliebt wie bei uns gesalzene Erdnüsse, Flips oder Salzstangen. Mit ihrem hohen Protein- und Ballaststoffanteil sind sie aber weitaus gesünder als unsere Snacks. Im Asia-Laden gibt es die Kerne mit Schote tiefgekühlt zu kaufen, allerdings müssen die Schoten erst noch gekocht werden, bevor man die Kerne auslösen kann. Pur als Snack schmecken Edamame mit grobem Meersalz bestreut. Sie können aber auch weiterverarbeitet werden.

Emmer

Als Urform des Weizens wurde Emmer schon in der Jungsteinzeit angebaut. Heutzutage führt er ein Nischendasein, da andere Getreidearten wie Weizen oder Roggen deutlich ertragreicher sind. Im Bio-Handel ist Emmer aber wieder zu finden. Er zeichnet sich durch einen hohen Gehalt an Carotinoiden aus und enthält viel Magnesium, Eisen und Zink. Perl-Emmer ist geschliffen und kann wie Reis zubereitet werden. Er kommt außerdem als Mehl oder Nudeln in den Handel.

Glasnudeln, Reisnudeln

Grundlage der asiatischen Spezialität Glasnudeln ist Mungobohnen- oder Sojastärke. Werden die Nudeln aus Reisstärke hergestellt, sind sie häufig auch als Reisnudeln gekennzeichnet. Vorteil gegenüber Hartweizennudeln ist, dass die Nudeln nur ein bis zwei Minuten in heißem Wasser gar ziehen müssen und zudem kein Gluten enthalten, auf das viele Menschen empfindlich reagieren.

Gojibeeren

Obwohl alle Beeren extrem gesund sind, setzt sich die aus Asien stammende Gojibeere problemlos an die Spitze. Sie enthält tausendmal so viel Antioxidantien wie die Orange, einen hohen Anteil an sekundären Pflanzenstoffen und essenziellen Aminosäuren sowie eine große Menge an Vitaminen und Mineralstoffen. Die getrockneten Früchte kann man wie Rosinen pur essen, mit ins Müsli geben, im Smoothie verarbeiten, zum Backen verwenden und sie schmecken sogar hervorragend im Salat.

Harissa

Die aus Nordafrika stammende scharfe Würzpaste hat es in sich. Mit Chilis, Cayennepfeffer und vielen orientalischen Gewürzen gibt es sie nur in den Geschmacksrichtungen »scharf« oder »sehr scharf« zu kaufen. Sie ist in orientalischen Lebensmittelmärkten und gut sortierten Supermärkten erhältlich. Bei der Dosierung von Harissa sollte man immer mit kleinen Mengen anfangen – auch schon ⅛ Teelöffel kann Gerichte für manche Menschen komplett ungenießbar machen.

Hefeflocken

Hefeflocken sind auch unter dem Namen Nährhefe bekannt und in Bio-Läden, Reformhäusern und manchen Supermärkten erhältlich. Sie sind reich an B-Vitaminen, Mineralstoffen und Spurenelementen. Da besonders die B-Vitamine sehr hitzeempfindlich sind, ist es ratsam, Hefeflocken erst nach dem Kochen der Speise zuzugeben. Ihr würziger Geschmack verfeinert alle herzhaften Gerichte und unterstützt ihren Eigengeschmack.

Johannisbrotkernmehl

Das pflanzliche Binde- und Verdickungsmittel wird als Emulgator oder Stabilisator eingesetzt. Es enthält viele Ballaststoffe und sättigt gut, da es im Darm aufquillt. Es ist in jedem Bio-Laden erhältlich und in vielen Supermärkten.

Kala Namak

Dieses Gewürz stammt aus der indischen Küche und ist auch als Schwarzsalz (Black Salt) bekannt. Die dunkle Färbung geht auf einen hohen Anteil Schwefelwasserstoff und Eisen zurück. Geschmacklich erinnert das Salz aufgrund seines Mineralstoffgehalts an Eier. Avocado mit Kala Namak bestreut gelöffelt schmeckt nahezu identisch nach gekochtem Ei. Kala Namak kann Chutneys und Obstsalate abrunden und Saucen verfeinern. Am besten tastet man sich bei der Dosierung langsam vor.

Kichererbsenmehl

Bei uns sind verarbeitete Kichererbsen hauptsächlich als Falafel bekannt. Das Mehl eignet sich aber auch für Pfannkuchen, Nudel- oder Pizzateig. Es kann sowohl süß als auch herzhaft verwendet werden und dickt Brotaufstiche, Dips, Suppen und Saucen an. Im Supermarkt steht es bei den anderen Mehlsorten.

Kokosblütenzucker

Aufgrund der ziemlich aufwendigen Gewinnung per Handarbeit ist dieser Zucker ziemlich teuer. Sein Vorteil ist der niedrige glykämische Index von 35. Dadurch steigt der Blutzuckerspiegel nicht so stark an wie bei normalem Haushaltszucker und kann entsprechend auch nicht wieder blitzartig abfallen.

Kokosmehl

Hierbei handelt es sich um das entölte, getrocknete und gemahlene weiße Kokosfleisch. Es ist kohlenhydratarm, protein- und so ballaststoffreich wie kein anders Mehl. Da es zudem glutenfrei ist, kann es nicht zu 100 Prozent andere Backmehle ersetzen, doch es lässt sich in verschiedenen Mischverhältnissen verwenden. Bio-Läden und Online-Shops bieten eine große Auswahl.

Kokosöl

Lange Zeit galt Kokosöl aufgrund seines hohen Anteils gesättigter Fettsäuren als ungesund. Mittlerweile hat es eine regelrechte Renaissance erlebt, denn es gilt sogar als Schlankmacher aufgrund des hohen Anteils an mittelkettigen Fettsäuren (MCT). Diese werden im Vergleich zu langkettigen Fettsäuren schneller in der Leber gespalten und in Energie umgewandelt und nicht ins Fettgewebe eingelagert. Es bilden sich zudem Ketone, die das Gehirn zur Energiegewinnung nutzen kann und die Alzheimer vorbeugen sollen. Kokosfett (häufig zu Platten gepresst) ist raffiniert und manchmal gehärtet und hat nicht die gesundheitlichen Vorteile von Kokosöl.

Matcha-Pulver

Im Vergleich zu grünem Tee enthält Matcha-Pulver zehnmal so viele gesunde Inhaltsstoffe, da die Pflanze – in zerkleinerter Form – komplett getrunken wird und nichts im Aufguss hängen bleibt. Hervorzuheben sind vor allem die Aminosäuren Theanin und das Polyphenol EGCG, das vor Krebs schützen soll. Hochwertiges Matcha-Pulver ist nie mit Zucker oder anderen Stoffen versetzt. Es muss eine satte grüne Farbe und eine gleichmäßige Körnung haben. Traditionell wird Matcha als Tee, in heißem Wasser aufgelöst, getrunken. Es kann aber auch als Latte in Pflanzenmilch oder als Zusatz zu Smoothies genommen werden. Matcha eignet sich ebenso zum Backen, als Zusatz zu Teigen, auch für Pancakes.

Nussmus

In Nüssen stecken gesunde Fettsäuren und hochwertiges Protein. Aus Cashewkernen, Erdnüssen, Haselnüssen, Macadamia und Mandeln lassen sich durch Rösten und Vermahlen cremige Muse herstellen. Ohne Zusätze sind diese besonders hochwertig. Sie eignen sich zum Kochen (etwa als Sahneersatz), aber auch für Süßspeisen, Eiscreme, Smoothies oder als Brotaufstrich. Nussmus ohne weitere Zusätze erkennt man häufig daran, dass sich das Öl oben abgesetzt hat – was ein Qualitätsmerkmal und kein Manko ist. Durch etwas Umrühren bekommt das Mus wieder seine ursprüngliche Konsistenz.

Pfeilwurzelstärke

Ähnlich wie Johannisbrotkernmehl ist es ein pflanzliches, neutral schmeckendes Bindemittel, das sich zum Andicken von Saucen, Suppen, Aufläufen oder Gelees eignet. Es kann auch beim Brotbacken kleberarmen Mehlen zugesetzt werden oder ersetzt – mit Wasser gemischt – das Ei beim Panieren.

Quinoa

Die Körnchen sind etwas größer als die des Amaranth. Das Pseudogetreide ist ebenso glutenfrei, sehr protein- und mineralstoffreich, lässt sich wie Reis verarbeiten und schmeckt auch in Salaten oder Gemüsepfannen. Geschrotet kann Quinoa außerdem zu Pfannkuchen, Brot und jeglichen anderen Backwaren zugesetzt werden. Vor der Verwendung sollte man Quinoa unter fließendem Wasser abspülen, um die Bitterstoffe auf der Schale zu entfernen, es sei denn, man kauft schon geschälte Ware.

Sobanudeln

Traditionell bestehen Sobanudeln zu 100 Prozent aus Buchweizen und sind damit glutenfrei. Mittlerweile liegen aber in vielen Supermärkten und manchen Asia-Shops auch Imitate im Regal, die aus einem Teil Weizen bestehen. Daher vor dem Kauf immer die Zutatenliste checken.

Soja-Granulat

Texturiertes Soja-Eiweiß gibt es in vielen unterschiedlichen Größen, je nachdem, was man damit zubereiten möchte. Es ist relativ geschmacksneutral, weshalb es bei der Zubereitung sehr gut die gewünschten Gewürze aufnimmt. Es muss zunächst eingeweicht und gekocht werden. Danach kann es gebraten oder direkt in die Sauce oder den Auflauf gegeben werden.

Stevia

Das ursprünglich aus Paraguay und Brasilien stammende Süßkraut wird insulinunabhängig verstoffwechselt und enthält keine Kalorien. Das macht es zum perfekten Zuckerersatz. Stevia süßt bereits in sehr kleinen Mengen (300-mal süßer als Haushaltszucker) und verursacht keine Karies. Da beim Backen aber der normale Zucker durch sein Volumen erheblich zum Teig beiträgt, sind Steviolglycoside teilweise an Zucker gebunden und liefern dann auch Kalorien. Grünes Stevia-Pulver ist natürlicher, da es die zermahlenen Blätter sind. Das weiße Pulver entsteht chemisch durch Extraktion der Glycoside. Stevia ist auch in flüssiger Form im Handel. Ein kleiner Tropfen Stevia flüssig entspricht in etwa einem Stück Würfelzucker.

Tahini

Die arabische Sesampaste gehört in jedes selbst gemachte Hummus. Die Version aus ungeschälten Sesamsamen schmeckt bitterer als das weiße Tahini aus geschälten Samen, enthält aber mehr Vitamine, Ballaststoffe und Mineralstoffe als dieses. Häufig gibt es auch Mischungen aus beiden Sorten.

Tamari

Im Prinzip ist Tamari eine glutenfreie Sojasauce, die auch genauso verwendet wird. Sie wird traditionell in Japan hergestellt, hat eine dunklere Farbe und einen vollmundigeren Geschmack. Wer keine Unverträglichkeit hat, kann beide 1:1 austauschen.

Tempeh

Um Tempeh herzustellen, werden gekochte Sojabohnen mit einem Edelschimmelpilz geimpft und dann ein bis zwei Tage fermentiert. Tempeh gilt ins Asien als Fleischersatz und lässt sich räuchern, marinieren und braten. Das Protein lässt sich durch die Behandlung bei seiner Herstellung besonders gut vom Körper aufnehmen, außerdem enthält es sehr viele Mineralstoffe wie Eisen, Magnesium, Kalium und Phosphor. Tempeh gibt es in guten Asia-Läden im Kühlregal.

Tofu

Der Sojakäse ist aus der vegetarischen Küche nicht mehr wegzudenken. Es gibt ihn in verschiedenen Geschmacksrichtungen, geräuchert oder in Form von Seidentofu als Quarkersatz. Tofu verträgt eine kräftige Würzung, schmeckt herzhaft und süß.

Wasserkastanien

In Asien werden Wasserkastanien sowohl für herzhafte Currys als auch für süße Desserts benutzt. Hierzulande kommen sie geschält und in Dosen konserviert auf den Markt und sind in den Feinkostabteilungen der Supermärkte zu bekommen.

Weizengraspulver

Weizengraspulver ist am besten in Getränken, Smoothies oder als Zugabe zum Müslis aufgehoben. Es ist extrem vitamin- und mineralstoffreich. Das enthaltene Carotinoid Lutein schützt zudem die Augen, Chlorophyll beugt der Entstehung von Krebs vor. Weizengras kann auch leicht auf der Fensterbank angebaut werden. Für die Verarbeitung von frischem Weizengras benötigt man einen Entsafter.

Xylit

Der natürliche Zuckeralkohol und Zuckeraustauschstoff enthält nur 40 Prozent der Kalorien im Vergleich zu Haushaltszucker bei gleicher Süßkraft. Xylitol schützt vor Karies, kann aber in großen Mengen abführend wirken. Für Säuglinge ist Xylit nicht geeignet.

Zimt

Schon von Kindesbeinen an sind wir an Zimt gewöhnt, der so manche süße Speisen perfekt abrundet. Dass Zimt jedoch auch als Zutat für herzhafte Gerichte geeignet ist, zeigen uns verschiedene Küchen Asiens – allen voran die Ayurveda-Küche –, in denen das »wärmende Gewürz« zum Abschmecken von Currys, Gemüse- und Fleischgerichten verwendet wird. Zimt regt den Stoffwechsel an und fördert die Durchblutung. Werden ganze Stangen des Rindengewürzes mitgekocht, müssen sie vor dem Verzehr aus dem Gericht entfernt werden.

Eigene Kreationen entwickeln

Diese kurze Warenkunde ist nicht als Einkaufsliste, sondern als kleines Nachschlagewerk gedacht. Sie erwähnt die außergewöhnlichsten Zutaten, die in den folgenden Rezepten genannt werden. Von diesen Produkten benötigen Sie zunächst nicht alle. Wenn Sie sich nach und nach durch die Rezepte kochen, werden Sie vielleicht immer wieder mal auf eine für Sie neue Zutat stoßen. Diese können Sie dann auch in andere Rezepte einbauen und damit experimentieren, denn viele ähnliche Produkte lassen sich auch gegeneinander austauschen, etwa innerhalb der Bindemittel oder Pseudogetreide. Dies ermöglicht Ihnen, sich auch mal nicht akribisch an ein Rezept zu halten, sondern es kreativ zu variieren. Auch bei der Verwendung von Gewürzen können Sie frei entscheiden. Lassen Sie sich also anregen und vor allem: Genießen Sie!

TOOLS UND TECHNIK

Grundausstattung

Damit Kochen Spaß macht, benötigen Sie gutes Handwerkszeug. Nichts verdirbt die Freude am Kochen mehr als ein stumpfes Messer. Oder Sie ärgern sich über zu kleine Schneidebretter, von denen alles herunterrollt, oder über eine zerbeulte Pfanne, die nicht gleichmäßig brät. Je besser eine Küche ausgestattet ist, desto entspannter ist das Kochen.

Trotzdem brauchen Sie natürlich keine teure High-End-Küche, sondern einfach eine solide Grundausstattung mit dem einen oder anderen Extra. Besser, Sie investieren in wenige, dafür aber gute Produkte, anstatt alles komplett, dafür in minderwertiger Qualität zu haben. Mit der folgenden Grundausstattung sind Sie bestens gerüstet.

Eine beschichtete Bratpfanne

Egal ob Induktion oder Ceranfeld, eine Pfanne darf nie so leicht sein, dass sie sich verbiegen kann. Dadurch wird sie unbrauchbar, indem sie nicht mehr komplett aufsetzt oder ungleichmäßig gart. Die Beschichtung hilft, unnötiges Fett einzusparen. Braten Sie lieber mit weniger Fett, das durch die Erhitzung an Qualität verliert, und träufeln am Ende noch etwas hochwertiges natives Öl über das Essen. Der Griff sollte zudem nicht aus Plastik, sondern hitzebeständig sein, damit die Pfanne auch im Backofen bei bis zu 200 °C zum Einsatz kommen kann.

Zwei Kochtöpfe, groß und klein

Auch bei Töpfen gilt: Zu leichtes Material kann sich schnell verformen. Töpfe aus Edelstahl leiten die Wärme gut. Deckel aus Glas haben den Vorteil, dass man nicht immer die Wärme entweichen lassen muss, um zu schauen, ob das Wasser schon kocht, der Spinat schon zerfallen oder die Zwiebel schon glasig gedünstet ist. Der kleine Topf sollte zwischen zwei und vier Liter fassen, der größere zwischen sechs und zehn – je nachdem, in welchen Größenordnungen Sie am liebsten und häufigsten kochen.

Scharfe Messer

Bei der Wahl der Messer unterscheidet sich der Profi vom Amateur. Für ein Messer kann man so viel Geld ausgeben wie für einen Kleinwagen. Ein gutes Küchenmesser ersetzt rund zehn andere unnötige, platzraubende Küchengeräte. Zur Grundausstattung reichen aber schon zwei: Ein Kochmesser mit einer Länge von 16 bis 25 Zentimetern, mit dem man schneiden und hacken kann, sowie ein Schälmesser mit einer Klingenlänge von fünf bis acht Zentimetern für feinere Arbeiten. Auch hier empfiehlt sich Edelstahl, der nicht zu schwach ist und sich gut nachschleifen lässt. Die Messer nicht in der Spülmaschine waschen, denn da werden sie stumpf.

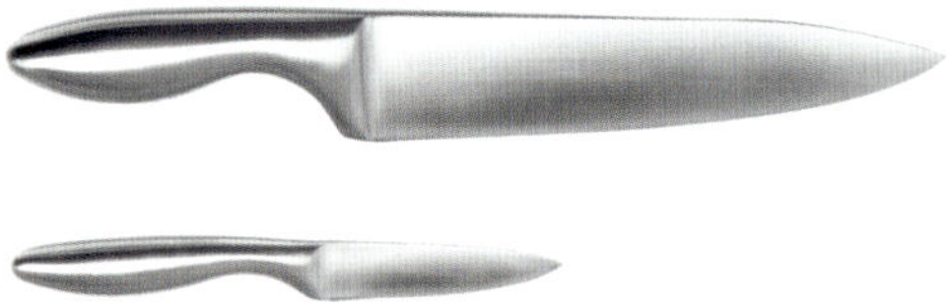

Ein Standmixer

Viele Suppen, Pestos und Fruchtsmoothies lassen sich mit einem Pürierstab zubereiten, mit einem Hochleistungsmixer mit 1,5 bis 2 PS werden die Ergebnisse jedoch weitaus befriedigender. Es können zudem Nussmuse, Eiscreme oder auch Crushed Ice hergestellt werden. Ein guter Mixer ist sehr langlebig und eine Investition wert, denn er kann Zerkleinern, pürieren und mixen.

Eine Küchenmaschine

Für Kuchen, Teige oder kleine Dinge zum Häckseln ist eine kleine Küchenmaschine von Vorteil. Speziell für größere Mengen spart diese Zeit und Muskelkraft. Dennoch: Eine Küchenmaschine ist nice to have, aber definitiv kein Muss.

Ein Spiralschneider

Spiralschneider gibt es in verschiedenen Varianten: in Form eines Spitzers oder zum Kurbeln, bei dem das Gemüse eingespannt wird. Die zweite Variante ist besonders für größere Mengen besser geeignet. Gemüse – von Salatgurke über Karotte, Kohlrabi und Rettich bis Zucchini – kann mit diesem Schneider in eine besondere Form gebracht werden und so in Salaten oder als Nudelersatz verwendet werden. Das Schneiden erfolgt unmittelbar vor der Weiterverarbeitung, damit das Gemüse schön frisch und appetitlich auf den Teller kommt.

Hilfsmittel

Dazu kommen Küchenbretter in zwei bis drei verschiedenen Größen, Messbecher und eine digitale Küchenwaage zum Backen. Außerdem ein Kochlöffel sowie ein Pfannenwender aus Holz, um die Beschichtungen der Pfannen nicht zu beschädigen, sowie ein Mörser für Gewürze und eine kleine Reibe für Ingwer und Zitrusschalen. Auf jeden anderen Schickschnack können Sie getrost verzichten.

Lagerung von Lebensmitteln

Wenn Sie gute Qualität ins Essen bringen wollen, lagern Sie Ihre Lebensmittel bis zum Verzehr richtig, zum Beispiel indem Sie Öle in dunklen Flaschen im geschlossenen Schrank halten, Fleisch und Geflügel nicht im eigenen Saft liegen lassen und Eier in den Kühlschrank stellen. Bei Obst und Gemüse richtet sich der Aufbewahrungsort nach der Temperaturempfindlichkeit. Avocados, Bananen und Tomaten vertragen am besten Zimmertemperatur, während Karotten, Paprikaschoten und Kohlgewächse ins Gemüsefach des Kühlschranks gehören. Trockene Produkte wie Mehl, Reis, Quinoa und Nudeln sollten Sie in fest verschließbare Behälter füllen.

Kleine Küchenpannen ausbügeln

In den Rezepten wird alles genau erklärt, aber manchmal ist der Backofen einfach heißer als sonst, die Chilischoten sind fünfmal schärfer als die, die man davor gekauft hatte, oder der Salzstreuer hat intensiver performt als beim letzten Mal. Plötzlich steht das Essen vermeintlich vor dem Ruin. Keine Panik, Sie müssen jetzt nicht Ihre Oma anrufen. Hier finden Sie die wichtigsten Notprogramme für kleine Küchennotfälle.

Das Essen ist zu scharf

Capsaicin heißt der Stoff, der für die Schärfe in Chilis verantwortlich ist. Da er fettlöslich ist, bekommt man ihn am besten durch fetthaltige Produkte weg. Je nach Gericht helfen Kokosmilch, Sahne, Crème fraîche oder auch Joghurt. Handelt es sich um eine Suppe oder einen Eintopf, kann auch eine rohe Kartoffel hineingerieben werden, die die Schärfe aufnimmt. Diese dann aber vor dem Essen wieder entfernen. Ist das Gericht sehr fetthaltig, kann das Fett mit einem Löffel abgeschöpft oder einem Küchentuch aufgesogen werden. Da sich die Schärfe im Fett sammelt, ist das Essen danach wieder gerettet.

Das Essen ist zu salzig

Auch hier hilft die Kartoffel. Entweder hineinreiben oder in Stücke schneiden und mitkochen und dann vor dem Servieren entfernen. Sind noch genug Zutaten des Gerichts da, kann man es auch einfach strecken. Das heißt einfach noch mal dieselben Zutaten ungewürzt in derselben Menge zugeben. Damit kocht man zwar mehr als gewünscht, aber hat noch etwas für den nächsten Tag oder kann etwas für später einfrieren.

Der Backofen hat zu viel Hitze

Aufläufe oder Gratins müssen innen durch sein, aber manchmal hat die Grillfunktion oder die Oberhitze so viel Stärke, dass sich schon nach kurzer Zeit auf der Oberfläche der Gerichte eine schwarze Kruste bildet. In dem Fall hilft es, wenn etwas Alufolie über die Form gelegt wird, die man dann kurz vor dem Ende der Garzeit wieder abnimmt. So wird das Essen innen durch und oben verkohlt es nicht.

Das Essen ist angebrannt

Sorry, hier hilft leider nicht mehr viel. Hauptsache, nicht umrühren und versuchen, den Rest von oben abzuschöpfen, und – wenn das Essen noch nicht fertig ist – in einem anderen Topf weiterkochen. Bei Brot, Gebäck und Kuchen versuchen, die verbrannten Stellen einfach abzuschneiden oder mit einem Messer abzukratzen. Besser beim nächsten Mal aufmerksamer sein.

Die Sauce ist zu dünn

Ganz klar, hier muss mehr Material hinzu. Im besten Fall mehr Gemüse zum Pürieren oder eine Mehlschwitze zum Andicken. Wenn Sie nichts davon im Haus haben, dann hilft immer noch die Zeit. Bei kleiner Temperatur kochen lassen, sodass das Wasser langsam verdampft. Aber Vorsicht: Damit konzentrieren sich auch die Gewürze und es kann schnell zu salzig oder zu scharf werden. Dann einfach die bereits erwähnten Tipps anwenden.

Die Sauce ist zu dick

Wasser hilft natürlich. Oder die Basis, aus der die Sauce besteht, wie Gemüsebrühe, Milch, Sahne oder Wein. Ganz wichtig ist, am Ende alles noch mal ganz neu abzuschmecken. Das kostet etwas Zeit, aber das Ergebnis kann perfekt werden.

ERNÄHRUNG FÜR JEDEN TYP

Die Grundbausteine

Unsere Ernährung setzt sich aus den Makronährstoffen Protein, Fett und Kohlenhydrate zusammen. Proteine sind die Bausteine der Muskeln, Fette unerlässlich für den Hormonhaushalt und Kohlenhydrate dienen als Energielieferant. Alle Makronährstoffe müssen aus frischen Zutaten kommen, damit gleichzeitig Vitamine, Mineralstoffe und sekundäre Pflanzenstoffe enthalten sind. Eine ausgewogene Ernährung sollte auf den Einzelnen abgestimmt sein, abhängig von der körperlichen Aktivität.

Ernährung für Ausdauersportler

Wer Leistung erbringen will, der benötigt Energie. Speziell für lange und ausdauernde Einheiten muss die Nährstoffzusammensetzung der Nahrung stimmen. Früher feierten Langstreckensportler noch Nudelpartys, heutzutage weiß man es besser. Vor dem Training oder einem Wettkampf ist Carboloading unerlässlich. Allerdings dürfen dabei ruhig auch komplexe Kohlenhydrate in Verbindung mit Vitaminen und Mineralstoffen auf den Teller kommen. Denn obwohl Nudeln eine großartige Kohlenhydratquelle sind, bleiben die anderen Stoffe doch etwas auf der Strecke. Mit Vollkornnudeln, Vollkornreis und viel frischem Gemüse sind Sie auf dem richtigen Weg.

Vor dem Sport

Damit es während des Sports nicht zu viel im Magen rumort, ist es wichtig, rund anderthalb bis zwei Stunden vor der Trainingseinheit das letzte Mal etwas zu essen. Am besten ist ein Mix aus einfachen und komplexen Kohlenhydraten mit Proteinen. Das Ganze sollte nicht zu fettreich sein, denn Fett wird nur langsam verdaut. Entsprechend lang ist die Verweildauer, und dies kostet Energie. Wichtig ist, den Flüssigkeitshaushalt vor dem Training noch mal aufzufüllen. Bis maximal zwei Stunden vor dem Training sollten etwa fünf bis sieben Milliliter natriumhaltige Flüssigkeit pro Kilogramm Körpergewicht getrunken werden. Danach belasten größere Mengen an Flüssigkeit den Körper eher. Um genügend Energie während der Trainingseinheit zu haben, geben Sie ein paar Kohlenhydrate, am besten komplexes Maltodextrin, zu.

Während des Sports

Bis Trainingseinheiten zwischen 60 und 90 Minuten benötigt der Körper keine zusätzliche Energie oder Flüssigkeit. Dies ist aber ein sehr individueller Richtwert. Kommt der Durst, trinken Sie! Denn Durst ist der beste Indikator, um zu erkennen, dass der Körper Flüssigkeit braucht. Bei einem Training oder Wettkampf von über zwei Stunden Länge helfen Energiegels mit schnell verfügbaren Kohlenhydraten und Sportgetränke mit Isomaltulose und Maltodextrin. Die Glukose aus diesen Zuckerarten wird langsamer freigesetzt und hält dafür aber auch den Blutzuckerspiegel länger oben.

Nach dem Sport

Nach dem Sport ist es wichtig, dass alle essenziellen Aminosäuren in Verbindung mit ausreichend Vitaminen und Mineralstoffen zugeführt werden. Außerdem darf ein gewisser Anteil an komplexen

Kohlenhydraten nicht fehlen, um die Speicher in den Muskeln sowie der Leber wieder aufzufüllen. Natürlich darf auch Fett nicht fehlen. Wichtig sind viele einfach ungesättigte Fettsäuren sowie Omega-3-Fettsäuren. Auf gesättigtes Fett und Transfettsäuren bestenfalls verzichten.

Nahrungsergänzung

Über eine ausgewogene Ernährung bekommt man alle wichtigen Nährstoffe, sodass nichts supplementiert werden muss. Frauen leiden allerdings häufig unter Eisenmangel. Wird dieser diagnostiziert, sollte er mit Tabletten behandelt werden, ansonsten können Müdigkeit, Abgeschlagenheit sowie Antriebslosigkeit die Folgen sein. Und dies hat immense Auswirkungen auf die Trainingsergebnisse. Speziell bei Ausdauersportlern sollte auch auf eine ausreichende Versorgung mit Magnesium und Kalzium geachtet werden, vor allem, wenn sie häufig unter Krämpfen leiden. Ebenso wichtig sind Vitamin B_{12} und Protein, die zur Regeneration sowie zum Muskelaufbau und -erhalt unerlässlich sind. Anders als immer behauptet leiden oft nicht nur Veganer und Vegetarier unter einem Mangel dieser beiden Stoffe.

Ernährung für Kraftsportler

Nicht allein das richtige Training mit einem guten, strukturierten Plan sorgt für mehr Muckis. Ohne die richtige Ernährung ist das ganze Training nur halb so viel wert. Wie beim Ausdauersport benötigt der Körper ausreichend Energie und Substanz in Form von Kalorien und hochwertigen Nährstoffen. Um Muskeln aufzubauen, sollten Sie leicht im Kalorienüberschuss landen und von jedem Makronährstoff die passende Menge zu sich nehmen. Damit die Muskeln auch sichtbar werden und bleiben, ist es wichtig, dass Sie gleichzeitig kein zusätzliches Fett aufbauen. Der Überschuss sollte bei höchstens 300 bis 500 Kalorien liegen. Übrigens: Muskelaufbau ist ein Marathon und kein Sprint und stark von der Genetik abhängig. Am Anfang feiern Sie die größten Erfolge, danach wird es immer langsamer.

Vor dem Sport

Um die Leistung beim Training noch weiter zu steigern, ist Koffein eine gute Möglichkeit. Zwei Sachen sind dabei aber zu beachten: Der Körper gewöhnt sich an den Effekt und wenn es zu hoch dosiert wird, rutschen Sie danach sozusagen in ein Loch, weil der Blutzuckerspiegel absinkt. Für spezielle Einheiten macht richtig dosiertes Koffein vor dem Training aber durchaus Sinn. Ansonsten essen Sie vor dem Training ganz normal. Anders als beim Ausdauersport ist es auch noch bis zu 30 Minuten vorher okay, etwas zu essen. Wichtig ist nur, dass es kein Junkfood ist, sondern frische Lebensmittel in der passenden Zusammensetzung der Makronährstoffe. Dabei ist auch die Ernährungsform völlig egal. Ob Paleo, Low-Carb, vegan oder was auch immer, entscheidend sind am Ende die Kalorienbilanz und der kleine Überschuss, der zum Muskelaufbau führt. Ein weiterer Fehler kann das Ergebnis negativ beeinflussen: Ernähren Sie sich nicht zu kohlenhydratarm, denn dies kann zu Leistungseinbußen beim Training führen. Ein kompletter Verzicht ist in keinem Fall ratsam. Andererseits machen Veganer häufig den Fehler, die tierischen Produkte ausschließlich durch Kohlenhydrate zu ersetzen, was dann zu einer vermehrten Fettbildung führt. Hier unbedingt auf ausreichend pflanzliches Eiweiß aus Hülsenfrüchten, Nüssen, Quinoa, Amaranth, Seitan, Tempeh und Tofu achten. Außerdem enthalten auch viele Gemüsearten mehr Protein als gedacht – sowohl Brokkoli als auch Blumenkohl etwa enthalten ebenso viel wie die gleiche Menge Milch. Eine Zufuhr von bis zu zwei Gramm pro Kilogramm Körpergewicht sind empfehlenswert. Wichtig dabei ist ein hoher Anteil der Aminosäure Leucin, welche die Proteinbiosythese stimuliert. Für den erhöhten Eiweißbedarf sind Proteinpulver wie Whey – oder die pflanzlichen aus Erbse, Hanf oder Reis sowie BCAAs eine clevere Option. BCCA sind die verzweigtkettigen Aminosäuren Leucin, Isoleucin und Valin, wobei die Abkürzung für den englischen Begriff »Branched Chain Amino Acids« steht.

Während des Sports

Wenn Sie vorher eine ausgewogene Mahlzeit zu sich genommen haben, dann muss während des Trainings nichts mehr gegessen werden. Als Getränk empfiehlt sich stilles Wasser, und falls Sie Geschmack mögen, dann spritzen Sie etwas Limettensaft hinein. Auch Kräuter wie Minze oder Zitronenmelisse geben ein tolles Aroma. Wenn Sie große Probleme mit dem Muskelaufbau haben, dann können Sie während des Sports noch BCAAs ergänzen.

Nach dem Sport

Nach dem Sport kippen sich viele noch direkt im Studio einen Proteinshake rein. Das ist vollkommen okay, aber definitiv kein Muss. Wenn Sie sonst innerhalb der nächsten Stunde nach dem Training eine ausgewogene Mahlzeit zu sich nehmen, dann machen Sie alles richtig. Auf dem Teller sollten reichlich Protein und Kohlenhydrate landen. Das Eiweiß liefert die Bausteine für die durchs Training gereizten Muskelzellen. Kohlenhydrate fördern zudem die Regeneration, wirken anabol (aufbaufördend) und sorgen dafür, dass die Proteine schneller aufgenommen werden und die Muskeln wachsen. Übrigens, auch wenn Sie abends trainieren: keine Angst vor Kohlenhydraten.

Bikinifit – die Pfunde purzeln

Egal ob drei, fünf, zehn oder mehr Kilogramm, die auf der Waage verschwinden sollen, hier ist es einzig die negative Kalorienbilanz, die zum Erfolg führt. Allerdings dürfen Sie nicht übertreiben und von Anfang an zu viel wollen. Radikale Ansätze sind immer zum Scheitern verurteilt. Hungern führt zu gar nichts. Es bringt den Stoffwechsel zum Einschlafen und die Pfunde sind schneller wieder da, als Ihnen lieb ist, und bringen dann auch noch ihre Freunde mit. Damit starten Sie beim nächsten Mal von noch weiter hinten. Ernährung ist aber hier nicht die einzige Stellschraube. Eine kluge Kombination aus Ausdauer- und Krafttraining hilft dabei, genügend Kalorien zu verbrennen und gleichzeitig nicht an Muskelmasse zu verlieren beziehungsweise noch mehr Muskelmasse aufzubauen. Je größer diese ist, desto mehr Kalorien werden auch im Ruhezustand verbrannt, was sehr wichtig für das äußere Erscheinungsbild, den Shape, ist. Untrainierte Muskeln können zwar schlank aussehen, wirken dann aber eher schlaff. Krafttraining stärkt zudem das Bindegewebe. Denn strong ist das neue skinny!

Nährstoffe klug kombinieren

Doch alles nacheinander. Fett abzubauen und Muskeln gleichzeitig aufzubauen ist nicht möglich. Sie müssen sich zunächst darauf konzentrieren, die Fettpölsterchen abzutrainieren. Damit dies in gesundem Maß abläuft, sollten Sie Ihren Gesamtenergiebedarf um 20 Prozent reduzieren oder rund 500 Kalorien vom täglichen Bedarf einsparen. Auf keinen Fall mehr, denn viel hilft hier nicht viel, sondern bewirkt das Gegenteil. Die Nährstoffzusammensetzung muss ausgewogen sein: rund anderthalb bis zwei Gramm Protein pro Kilogramm Körpergewicht, ein Gramm Fett pro Kilogramm Körpergewicht und den Rest mit hochwertigen komplexen Kohlenhydraten auffüllen. Je nach Vorliebe können diese Werte natürlich auch ein wenig angepasst werden, speziell die der Fette und Kohlenhydrate. Wichtig ist nur, dass die Makronährstoffe aus gesunden und naturbelassenen Lebensmitteln stammen und nicht aus industriell stark verarbeiteten Fertiglebensmitteln. Greifen Sie beim Einkauf möglichst zu Vollkornreis, Vollkornnudeln und Vollkornbrot anstatt zu weißem Reis, weißen Nudeln und Toastbrot.

Essenspausen einkalkulieren

Da beim Abnehmen neben dem Sport hauptsächlich die Kalorienbilanz für Erfolg oder Misserfolg verantwortlich ist, ist es auch völlig irrelevant, wie viele Mahlzeiten an einem Tag gegessen werden. Dies kann nach den eigenen Vorlieben gestaltet werden. Wichtig ist nur zu wissen, dass bei vielen kleinen die Gefahr besteht, dass insgesamt die Portionen zu groß sind, wodurch zu viele Kalorien aufgenommen werden. Bei zu wenig aufgenommenen Kalorien können Heißhungerattacken dazwischenkommen. Durch intermittierendes Fasten – Esspausen von sechs bis acht Stunden zwischen den Mahlzeiten – kann die Gefahr unter Kontrolle gebracht werden, da in dieser Zeit der Fettstoffwechsel richtig aktiv wird. Ein weiterer Vorteil ist, dass die Mahlzeiten größer ausfallen und Sie sich vorher so richtig pappsatt essen können, wodurch Heißhungerattacken vorgebeugt wird. Durch die geringere Anzahl an Mahlzeiten dreht sich auch im Kopf nicht ständig alles ums Essen und es bleibt mehr Zeit für andere Dinge. Diese Form der Ernährung ist aber ganz klar Typsache und nicht für jeden geeignet. Ausprobieren schadet jedoch nicht. Solche Tage können auch einfach immer mal wieder zwischendurch eingebaut werden. Dies sollten Sie allerdings klar mit dem Sportprogramm abstimmen. Nach einer Fastenphase ist eine straffe Einheit absolut fehl am Platz. Lernen Sie, auf Ihren Körper zu hören und ihn zu achten, denn alles, was verzehrt wird, muss von ihm verwertet werden.

Nie unterkriegen lassen

Egal wie sehr man sich manchmal anstrengt, es passiert einfach nichts. Das kann mehrere Gründe haben. Zum einen, dass der Kalorienverbrauch nicht richtig eingeschätzt wird und man sich nicht im Kaloriendefizit befindet. Zum anderen können Wassereinlagerungen den Abnehmerfolg kaschieren, da sich damit trotz Fettverlust auf der Waage nichts tut. Dies kann Stress verursachen, wodurch vermehrt Cortisol ausgeschüttet wird. Auch wenig oder schlechter Schlaf können nachweislich den Gewichtsverlust bremsen und sogar zu einem Plus an Pfunden führen, da das Gehirn bei Schlafmangel vor allem nach süßen und salzigen Kohlenhydraten verlangt – und dieser Drang von ganz oben kann nur sehr schwer unterdrückt werden. Am wichtigsten ist es jedoch, sich nicht zu sehr zu kasteien, denn dadurch gerät die Schilddrüse mit ihrer Hormonproduktion aus dem Gleichgewicht und dann ist erst mal alles durcheinander.

Aus diesem Grund haben wir eine Menge leckerer, gesunder Rezepte zusammengestellt, die für jede Situation passend sind. Etwa wenn mal wenig Zeit ist oder mal mehr Kohlenhydrate oder Protein auf dem Speiseplan stehen sollen. Keine Sorge, auch der Cheatday wird berücksichtigt, und sowohl für Veganer als auch Fleischesser gibt es jede Menge Möglichkeiten. Lassen Sie es sich schmecken!

Portionen & Icons

Noch ein kleiner Hinweis zum Schluss: Alle Rezepte sind für 4 Portionen berechnet. Und damit Sie sich schnell zurechtfinden, tragen die Rezepte Icons, die Ihnen anzeigen, ob ein Gericht glutenfrei, laktosefrei, vegan oder vegetarisch ist:

glutenfrei

laktosefrei

vegan

vegetarisch

FRÜHS

TÜCK

FERTIG IN WENIGER
ALS 10 MINUTEN

MATCHA-ORANGEN-SMOOTHIE

ZUTATEN:

4 Äpfel
8 g Kurkuma
100 ml frisch gepresster Zitronensaft
600 ml frisch gepresster Orangensaft
4 EL Gojibeeren
2 EL Matcha-Pulver

Außerdem:
4 Gläser (à 300 ml Inhalt)

ZUBEREITUNG:

Die Äpfel waschen, vierteln und die Kerngehäuse entfernen. Zusammen mit Kurkuma, Zitronen- und Orangensaft, Gojibeeren, 250 Milliliter Wasser und Matcha-Pulver in einen Mixer geben und rund 1 Minute glatt mixen.

Tipp: Die Gojibeeren lassen sich besser pürieren, wenn sie vorher 15 Minuten in Wasser eingelegt werden. Das Wasser abschütten und nicht mitmixen.

Nährwerte pro Portion:
240 kcal • 5 g Eiweiß • 42 g Kohlenhydrate • 1 g Fett

MATCHA-ROTE-BETE-SMOOTHIE

FOTO

ZUTATEN:

250 g Rote Bete
200 g Weintrauben
2 Äpfel
4 cm Ingwer
200 ml frisch gepresster Orangensaft
20 g Açai-Pulver
2 EL Matcha-Pulver
Agavendicksaft nach Geschmack

Außerdem:
krause Petersilie
4 Gläser (à 300 ml Inhalt)

ZUBEREITUNG:

Die Rote Bete schälen und in grobe Stücke schneiden. Trauben waschen und von den Rispen pflücken. Äpfel waschen, vierteln und die Kerngehäuse entfernen. Ingwer schälen und etwas klein schneiden.

Rote Bete, Trauben, Apfel und Ingwer in einen Mixer geben. Orangensaft, 500 Milliliter Wasser, Açai- und Matcha-Pulver zufügen und 30 bis 60 Sekunden lang mixen. Nach Geschmack noch 1 Spritzer Agavendicksaft zufügen. Mit etwas Petersilie garnieren.

Tipp: Beim Schälen der Roten Bete Einmalhandschuhe tragen.

Nährwerte pro Portion:
174 kcal • 4 g Eiweiß • 32 g Kohlenhydrate • 1 g Fett

SCHNELLE LOW-CARB-PANCAKES

ZUTATEN:

Für den Teig:
4 Eier
100 g gemahlene Mandeln
½ TL gemahlener Zimt

Außerdem:
40 g Butter zum Ausbacken

ZUBEREITUNG:

In einer Schüssel Eier, Mandeln und Zimt mit einem Löffel miteinander verrühren, bis ein glatter Teig entstanden ist.

Die Butter in einer kleinen Pfanne bei mittlerer Hitze portionsweise erhitzen und den Teig darin ebenfalls portionsweise zu Pancakes ausbacken – beim Hineingeben des Teiges die Pfanne schwenken, damit er verlaufen kann. Die Pancakes auf beiden Seiten goldgelb backen. Aus der Pfanne nehmen und warm halten, bis alle restlichen Pancakes gebacken sind.

Tipp: Besonders lecker schmecken frische Blaubeeren (Heidelbeeren) dazu. Nicht-Low-Carber können den Pancaketeig zusätzlich mit 1 Teelöffel Kokosblütenzucker oder Agavendicksaft süßen.

Nährwerte pro Portion:
296 kcal • 12 g Eiweiß • 1 g Kohlenhydrate • 32 g Fett

KNUSPERBECHER MIT PFIRSICH UND HÜTTENKÄSE

ZUTATEN:

4 Pfirsiche
400 g Hüttenkäse
12 EL gepuffter Dinkel, ungesüßt

ZUBEREITUNG:

Die Pfirsiche waschen, vierteln, entsteinen und das Fruchtfleisch in schmale Scheiben oder kleine Würfel schneiden.

Den Hüttenkäse auf vier Gläser aufteilen, Pfirsichstücke daraufschichten und jeweils mit 3 Esslöffeln gepufftem Dinkel bestreuen.

Nährwerte pro Portion:
183 kcal • 14 g Eiweiß • 5 g Kohlenhydrate • 1 g Fett

APFEL-ZIMT-QUARK MIT MANDELN

ZUTATEN:

4 Äpfel
4 EL frisch gepresster Zitronensaft
125 g Blaubeeren (Heidelbeeren)
500 g Magerquark
8 EL Mineralwasser mit Kohlensäure
2 TL gemahlener Zimt
4 EL Mandelsplitter

ZUBEREITUNG:

Die Äpfel waschen, vierteln und die Kerngehäuse entfernen. Die Hälfte des Apfelfruchtfleischs zu Mus pürieren und mit 4 Teelöffeln Zitronensaft vermischen.

Die andere Hälfte des Apfelfruchtfleischs würfeln und mit dem restlichen Zitronensaft beträufeln. Blaubeeren nach Bedarf waschen und trocken tupfen.

Magerquark, Mineralwasser, Apfelmus und Zimt cremig miteinander verrühren. Blaubeeren und Apfelstücke zum Quark geben. Mandelsplitter darauf verteilen.

Nährwerte pro Portion:
253 kcal • 19 g Eiweiß • 26 g Kohlenhydrate • 6 g Fett

MANDELPUDDING

ZUTATEN:

100 g Kokosblütenzucker
40 g gemahlene Mandeln
4 EL Maisstärke
500 ml Hafermilch

ZUBEREITUNG:

Kokosblütenzucker, Mandeln, Stärke und 6 Esslöffel Hafermilch in einer kleinen Schüssel mit einem Schneebesen glatt rühren.

Die restliche Hafermilch in einem Topf zum Kochen bringen. Die Stärkemischung unter Rühren in die kochende Milch geben und einmal aufkochen lassen. Den Topf vom Herd nehmen.

Den Pudding abkühlen lassen und dabei ab und zu umrühren.

Tipp: Dazu passt frisches Obst der Saison.

Nährwerte pro Portion:
260 kcal • 3 g Eiweiß • 47 g Kohlenhydrate • 8 g Fett

WINTERLICHE OVERNIGHT-OATS

ZUTATEN:

200 g Haferflocken
500 ml Haselnussmilch
4 TL Agavendicksaft
4 Zwetschgen
1 TL gemahlener Zimt

ZUBEREITUNG:

Die Haferflocken mit der Haselnussmilch und dem Agavendicksaft in einem verschließbaren Twist-off-Glas mischen und über Nacht in den Kühlschrank stellen.

Am nächsten Morgen die Zwetschgen waschen, entsteinen, das Fruchtfleisch in Stücke schneiden und mit Zimt bestäuben. Die gewürzten Zwetschgen zu den aufgequollenen Haferflocken geben.

Tipp: Der Haferflockenbrei eignet sich gut zum Mitnehmen.

Nährwerte pro Portion:
288 kcal • 8 g Eiweiß • 50 g Kohlenhydrate • 5 g Fett

GEBACKENE AVOCADO MIT EI

FOTO

ZUTATEN:

2 Avocados
4 Eier
Salz
Pfeffer
½ Bund Petersilie
4 Scheiben Vollkornbrot

ZUBEREITUNG:

Die Avocados halbieren, entkernen und an der Wölbung unten eine schmale Scheibe abschneiden, damit sie besser stehen. Die Avocadohälften in eine beschichtete Pfanne setzen und jeweils ein Ei in die Kuhle des Kerns gleiten lassen. Salzen und pfeffern. Zugedeckt bei mittlerer Hitze 5 Minuten garen.

Petersilie waschen, trocken schütteln und hacken. Das Vollkornbrot rösten. Die gefüllten Avocadohälften mit Petersilie bestreuen und mit dem Brot genießen.

Tipp: Wer das Eigelb lieber ganz hart isst, erhöht die Garzeit.

Nährwerte pro Portion:
314 kcal • 13 g Eiweiß • 15 g Kohlenhydrate • 22 g Fett

BELEGTE BROTE

ZUTATEN:

½ Salatgurke
1 Paprikaschote
1 Bund Schnittlauch
4 TL Olivenöl
200 g Hüttenkäse
Salz
Cayennepfeffer
Chilipulver
8 Scheiben Vollkornbrot
4 TL Butter
8 Scheiben Kochschinken

ZUBEREITUNG:

Die Gurke und die Paprikaschote waschen, putzen und in kleine Würfel schneiden. Den Schnittlauch waschen, trocken schütteln und in Röllchen schneiden. Gemüse, Schnittlauch, Öl und Hüttenkäse miteinander verrühren und mit Salz, Cayennepfeffer und Chilipulver würzen. Den Käseaufstrich auf vier Brotscheiben verstreichen.

Die restlichen Brotscheiben mit Butter bestreichen und mit je 2 Scheiben Schinken belegen.

Nährwerte pro Portion:
402 kcal • 27 g Eiweiß • 35 g Kohlenhydrate • 18 g Fett

GENIESSER-
FRÜHS

TÜCK

FÜRS WOCHENENDE

APFEL-PFANNKUCHEN

ZUTATEN:

750 g Äpfel
500 ml Milch
6 Eier
250 g Mehl
1 Prise Salz
2–3 EL Zucker
40 g Butter

Außerdem:
gemahlener Zimt
Zucker

ZUBEREITUNG:

Die Äpfel schälen, vierteln, Kerngehäuse entfernen und das Fruchtfleisch in schmale Spalten schneiden. Die Milch mit den Eiern und der Hälfte des Mehls in einer Schüssel mit einem Schneebesen verrühren. Salz, Zucker und den Rest des Mehls dazugeben und alles zu einem glatten Teig verrühren.

Ein Viertel der Butter in einer Pfanne bei mittlerer Hitze erhitzen und ein Viertel des Teiges dazugeben. Die Pfanne schwenken, damit der Teig verlaufen kann. Ein Viertel der Apfelspalten darauf verteilen und den Pfannkuchen 2 bis 3 Minuten goldgelb backen lassen. Mit einem Pfannenwender wenden und auch die zweite Seite backen. Der fertige Pfannkuchen sollte außen leicht gebräunt und innen trocken sein. Aus der Pfanne nehmen und warm halten, bis alle Pfannkuchen gebacken sind.

Die restliche Butter portionsweise erhitzen und den restlichen Teig mit den restlichen Apfelspalten ebenfalls portionsweise zu weiteren drei Pfannkuchen ausbacken. Vor dem Servieren mit wenig Zimt und Zucker bestreuen.

Tipp: Der Teig wird besonders locker, wenn man die Eier trennt, das Eiweiß separat aufschlägt und als Letztes unter den Teig zieht.

Info: Man kann auch kleinere Pfannkuchen backen und sich dafür die Butter für das Ausbacken entsprechend einteilen.

Nährwerte pro Portion:
637 kcal • 21 g Eiweiß • 85 g Kohlenhydrate • 23 g Fett

FRÜCHTE-NUSS-MÜSLI

ZUTATEN:

2 Grapefruits
2 Orangen
1 Papaya
1 Mango
500 g Naturjoghurt
4 TL Mandelblättchen
2 TL gehackte Haselnüsse
20 g Kokosflocken

ZUBEREITUNG:

Grapefruits und Orangen heiß waschen, schälen und filetieren, dabei den austretenden Saft auffangen. Papaya halbieren, die Samen entfernen, das Fruchtfleisch schälen und in Würfel schneiden. Mango schälen, das Fruchtfleisch vom Stein schneiden und würfeln.

Alle Früchte mit dem Joghurt und nach Bedarf mit dem aufgefangenen Saft mischen.

Mandeln und Haselnüsse in einer Pfanne ohne Fett rösten. Kokos kurz dazugeben und leicht bräunen lassen. Über den Joghurt streuen.

Nährwerte pro Portion:
334 kcal • 8 g Eiweiß • 38 g Kohlenhydrate • 19 g Fett

AÇAI-BOWL MIT FRISCHEM OBST

ZUTATEN:

1 Vanilleschote
750 g Açai-Fruchtpüree (alternativ 700 g Blaubeeren und 7 TL Açai-Pulver)
300 ml Kokosmilch
2 Kaki
1 Mango
200 g rote Weintrauben
4 EL Cashewmus
4 EL gepuffter Amaranth

ZUBEREITUNG:

Die Vanilleschote längs aufschneiden und das Mark mit einem Messerrücken herauskratzen. Açai-Fruchtpüree, Kokosmilch und Vanillemark miteinander zu einer cremigen Masse verrühren.

Kaki waschen, putzen und in Würfel schneiden. Mango schälen, das Fruchtfleisch vom Stein schneiden und würfeln. Trauben waschen.

Das Fruchtmus auf vier Schüsseln verteilen und die Früchte daraufgeben. Mit jeweils 1 Esslöffel Cashewmus und Amaranth bestreuen.

Nährwerte pro Portion:
477 kcal • 9 g Eiweiß • 31 g Kohlenhydrate • 34 g Fett

VOLLKORN-MANDELWAFFELN MIT KIRSCHEN UND BLAUBEEREN

ZUTATEN:

Für den Teig:

80 g Butter

75 g Zucker

4 Eier

150 g Vollkornmehl

1 TL Backpulver

150 ml Mandelmilch

Für den Belag:

600 g Kirschen und Blaubeeren

4 TL Mandelmus oder Sahne

Außerdem:

1 Waffeleisen

ZUBEREITUNG:

Für den Teig die Butter und den Zucker schaumig rühren, die Eier zufügen und Vollkornmehl, Backpulver und Mandelmilch einrühren.

Den Teig portionsweise entweder zu vier großen oder acht kleinen Waffeln ausbacken. Dazu ein beschichtetes Waffeleisen vorheizen, den Teig portionsweise in die Mitte geben, leicht verstreichen und das Waffeleisen sofort schließen. Die fertigen warmen Waffeln herausnehmen und nebeneinanderliegend auskühlen lassen, damit sie knusprig bleiben.

Für den Belag die Kirschen und die Blaubeeren nach Bedarf waschen und putzen. Das Mandelmus cremig rühren bzw. die Sahne steif schlagen.

Die Mandelwaffen mit dem Obst anrichten und mit einem Klecks Mandelmus oder Sahne vollenden.

Tipp: Mit etwas frischer Minze garnieren.

Nährwerte pro Portion:
526 kcal • 13 g Eiweiß • 58 g Kohlenhydrate • 27 g Fett

ÜBERBACKENE BAGEL MIT CHAMPIGNONS

ZUTATEN:

4 Bagel
⅓ Salatgurke
2 Strauchtomaten
4 Champignons
4 EL Frischkäse
½ Bund Basilikum
200 g geriebener Emmentaler

ZUBEREITUNG:

Den Backofen auf 200 °C (Umluft 180 °C, Gas Stufe 3–4) vorheizen.

Die Bagel halbieren, die Hälften ganz kurz antoasten und wieder abkühlen lassen.

Die Gurke nach Bedarf schälen und in Scheiben schneiden. Die Tomaten waschen und in Scheiben schneiden. Die Pilze putzen und in Würfel schneiden.

Jeweils eine Bagelober- und -unterhälfte mit je 1 Esslöffel Frischkäse bestreichen und mit Gurken- und Tomatenscheiben belegen. Basilikumblätter hacken und mit den Pilzwürfeln darauf platzieren. Den Käse darüberstreuen.

Die belegten Bagels auf einen Backofenrost legen und für etwa 4 Minuten in den Backofen geben, bis der Käse zerläuft.

Nährwerte pro Portion:
458 kcal • 24 g Eiweiß • 34 g Kohlenhydrate • 26 g Fett

»ENGLISH BREAKFAST« VEGAN

ZUTATEN:

4 Süßkartoffeln
4 TL Olivenöl
200 g Grünkohl
12 vegane Mini-Wiener-Würstchen
Salz
Pfeffer
1 TL Chiliflocken

ZUBEREITUNG:

Die Süßkartoffeln waschen, putzen, schälen und klein würfeln. Olivenöl in einer Pfanne erhitzen, die Süßkartoffelwürfel darin anbraten und zugedeckt bei mittlerer Hitze in rund 10 Minuten weich garen.

Den Grünkohl waschen, putzen und in kleine Stücke hacken.

Die Würstchen zu den Süßkartoffeln geben und mitbraten. Zum Schluss den Grünkohl unterheben. Mit Salz und Pfeffer würzen. Mit Chiliflocken bestreuen.

Nährwerte pro Portion:
516 kcal • 19 g Eiweiß • 75 g Kohlenhydrate • 16 g Fett

ROASTBEEF-MEERRETTICH-BROT

ZUTATEN:

2 Handvoll Rucola
8 Scheiben Vollkornbrot
2 TL Mayonnaise
4 cm frischer Meerrettich
8 Scheiben Roastbeef, dünn geschnitten
8 Scheiben Apfel
8 Scheiben Zwiebel

ZUBEREITUNG:

Den Rucola waschen, trocken schütteln und abtropfen lassen.

Die Brotscheiben mit Mayonnaise bestreichen. Den Meerrettich schälen, raspeln und darauf verteilen. Roastbeef, Apfel- und Zwiebelscheiben sowie Rucola darauflegen.

Tipp: Wer mag, kann auch Meerrettichpaste statt frischem Meerrettich nehmen. Das geht schneller.

Nährwerte pro Portion:
298 kcal • 19 g Eiweiß • 37 g Kohlenhydrate • 7 g Fett

SCHAUMOMELETTE MIT KÄSE

ZUTATEN:

Für den Teig:
8 Eier
½ TL Salz
4 Spritzer Zitronensaft
40 g Butter
2 EL Mehl
2 EL Milch

Für den Käse:
80 g geriebener Emmentaler

Außerdem:
40 g Butter zum Ausbacken
4 EL Schnittlauchröllchen

ZUBEREITUNG:

Für den Teig die Eier trennen. Eiweiß mit Salz und Zitronensaft steif schlagen. Eigelb vorsichtig unter den Eischnee rühren. 40 Gramm Butter in feinen Flöckchen dazugeben. Mehl sieben und zusammen mit der Milch zur Eimasse geben. Alles schnell zu einem luftigen Teig rühren.

Zum Ausbacken 10 Gramm Butter in einer beschichteten Pfanne erhitzen. Ein Viertel des Eierteigs hineingeben und glatt streichen. 10 Gramm Käse darüberstreuen. Das Schaumomelette zugedeckt bei schwacher Hitze etwa 10 bis 15 Minuten stocken lassen.

Das Omelette in der Mitte zusammenfalten, vorsichtig auf einen vorgewärmten Teller gleiten lassen, 10 Gramm Käse darüberstreuen und warm halten.

Aus den restlichen Zutaten noch drei weitere Omelettes herstellen. Die Omelettes mit Schnittlauchröllchen garnieren.

Nährwerte pro Portion:
421 kcal • 21 g Eiweiß • 7 g Kohlenhydrate • 35 g Fett

RÜHREI MIT PFIFFERLINGEN

FOTO

ZUTATEN:

4 Zwiebeln
½ Bund Schnittlauch
600 g Pfifferlinge
4 EL Butter
Salz
Pfeffer
8 Eier

ZUBEREITUNG:

Die Zwiebeln abziehen und fein würfeln. Schnittlauch waschen, trocken schütteln und in Röllchen schneiden.

Die Pfifferlinge putzen. Butter in einer Pfanne erhitzen und die Zwiebeln sowie die Pilze darin anbraten. Salzen, pfeffern, herausnehmen und warm halten.

Eier in einer Schüssel verquirlen, salzen und pfeffern. In die Pfanne geben und unter Rühren braten, bis festes Rührei entstanden ist. Auf Teller geben und mit Pfifferlingen und Schnittlauch anrichten.

Nährwerte pro Portion:
263 kcal • 17 g Eiweiß • 2 g Kohlenhydrate • 20 g Fett

GEMÜSE-FRITTATA

ZUTATEN:

400 g Tomaten
4 eingelegte Artischockenherzen (aus der Dose)
2 Schalotten
2 EL Rapsöl
8 Eier
Salz
Pfeffer
125 g Weißkäse nach Fetaart
4 Scheiben Vollkornbrot

ZUBEREITUNG:

Tomaten waschen, entkernen und das Fruchtfleisch würfeln. Artischocken abgießen und vierteln. Schalotten abziehen und würfeln. Öl in einer Pfanne erhitzen und die Schalottenwürfel darin anschwitzen. Tomaten und Artischocken dazugeben und kurz mitbraten. Die Hitzezufuhr reduzieren.

Eier verquirlen, salzen, pfeffern und in die Pfanne gießen. Die Gemüse-Ei-Mischung zugedeckt in 6 bis 8 Minuten stocken lassen.

Die Fritatta in vier Teile schneiden und auf Tellern anrichten. Den Käse zerkrümeln und darüberstreuen. Mit dem Brot servieren.

Nährwerte pro Portion:
398 kcal • 24 g Eiweiß • 21 g Kohlenhydrate • 25 g Fett

LUNCH

BOX
DE LUXE

PERFEKTES ESSEN
FÜRS BÜRO

VEGANER TOMATEN-LINSEN-SALAT

ZUTATEN:

400 g braune Linsen
1,2 l Gemüsebrühe
800 g Tomaten

Für das Dressing:
4 Knoblauchzehen
4 Zwiebeln
4 EL frisch gepresster Zitronensaft
Salz
Pfeffer
8 EL Olivenöl
½ Bund glatte Petersilie

ZUBEREITUNG:

Die Linsen in einem Sieb unter fließendem kaltem Wasser waschen und abtropfen lassen. Mit der Gemüsebrühe in einen Topf geben, aufkochen und bei schwacher Hitze in etwa 30 Minuten bissfest garen.

Die Tomaten waschen, vierteln, Stielansätze und Kerne entfernen und das Fruchtfleisch in kleine Stücke schneiden.

Für das Dressing Knoblauch und Zwiebeln abziehen und sehr fein würfeln. Zitronensaft mit Salz, Pfeffer, Zwiebeln und Knoblauch vermischen und das Olivenöl unter Rühren einlaufen lassen.

Die Linsen etwas abkühlen lassen. Etwas Gemüsebrühe abschütten, damit der Salat nicht zu dünnflüssig wird, ein kleiner Rest kann aber erhalten bleiben. Linsen und Tomaten zum Dressing geben und alles miteinander vermischen.

Petersilie waschen, trocken schütteln und ein paar Blätter zum Garnieren beiseitelegen. Den Rest fein hacken, zum Salat geben und untermengen.

Den Salat auf Teller verteilen und mit den beiseitegelegten Petersilienblättern garnieren.

Nährwerte pro Portion:
367 kcal • 10 g Eiweiß • 24 g Kohlenhydrate • 24 g Fett

ROASTBEEF-SANDWICH

ZUTATEN:

1 Zucchino
1 Karotte
½ Bund Koriandergrün
4 Handvoll Baby-Spinat
8 Scheiben Mehrkornbrot (z. B. mit Mohn, Sesam, Sonnenblumenkernen)
8 EL Hummus (Glas)
400 g Roastbeef (Aufschnitt)

ZUBEREITUNG:

Zucchino und Karotte waschen, putzen und getrennt voneinander raspeln. Koriandergrün waschen, trocken schütteln und die Blätter fein hacken. Spinat waschen, putzen und trocken tupfen.

Vier Brotscheiben mit Hummus bestreichen und mit Zucchiniraspeln bestreuen. Roastbeef auflegen und den Spinat darauf drapieren. Die Karottenraspel und das Koriandergrün darüberstreuen. Mit den restlichen Brotscheiben bedecken.

Info: Ein Rezept für frischen Hummus steht auf Seite 120.

Nährwerte pro Portion:
372 kcal • 33 g Eiweiß • 39 g Kohlenhydrate • 8 g Fett

CAMEMBERT-EI-SANDWICH

ZUTATEN:

4 Eier
4 Handvoll Baby-Mangold
8 Champignons
120 g Camembert
8 Scheiben Vollkornbrot
4 TL Butter
8 Scheiben Hähnchenbrust (Aufschnitt)

ZUBEREITUNG:

Die Eier in 7 Minuten hart kochen. Den Mangold waschen und putzen. Pilze putzen und in Scheiben schneiden. Camembert vierteln.

Brotscheiben mit Butter bestreichen. Den Mangold auf vier Brotscheiben verteilen. Eier pellen, in Scheiben schneiden und auf das Blattgemüse legen. Darauf jeweils 2 Scheiben Hähnchenbrust platzieren. Die Champignonscheiben darauf drapieren. Je ein Camembertviertel auflegen. Mit den restlichen Brotscheiben bedecken.

Tipp: Reifen Camembert nehmen, damit die Pilze nicht verrutschen.

Nährwerte pro Portion:
467 kcal • 29 g Eiweiß • 31 g Kohlenhydrate • 25 g Fett

THUNFISCH-OLIVEN-WRAPS MIT JOGHURT-KRÄUTER-DRESSING

ZUTATEN:

8 Salatblätter
1 Salatgurke
4 Tomaten
2 Zwiebeln
1 Dose Thunfisch im eigenen Saft (150 g Abtropfgewicht)
32 schwarze Oliven ohne Stein

Für das Dressing:
1 Päckchen TK-Kräuter
8 EL Naturjoghurt
Salz
Pfeffer

Außerdem:
8 Weizen-Tortillas (à 25 cm Ø)

ZUBEREITUNG:

Den Backofen auf 150 °C (Umluft 130 °C, Gas Stufe 1) vorheizen.

Die Salatblätter waschen und abtropfen lassen. Die Gurke waschen, halbieren und in Scheiben schneiden. Die Tomaten waschen, Stielansätze entfernen und das Fruchtfleisch würfeln. Die Zwiebeln abziehen und fein würfeln. Thunfisch und Oliven nach Bedarf abtropfen lassen.

Die Tortillas mit Wasser befeuchten und kurz im heißen Backofen erwärmen, damit sie sich besser rollen lassen.

Für das Dressing die Kräuter unter den Joghurt rühren und mit Salz und Pfeffer würzen.

Die Tortillas mit dem Kräuterjoghurt bestreichen und mit je einem Salatblatt belegen. Die anderen Zutaten darauflegen und die Tortillas eng zu Wraps aufrollen.

Nährwerte pro Portion:
670 kcal • 26 g Eiweiß • 88 g Kohlenhydrate • 23 g Fett

POLENTA MIT TOMATEN-ZUCCHINI-GEMÜSE

ZUTATEN:

6 Tassen Gemüsebrühe
2 Tassen Polenta
2 Zucchini
1 Aubergine
12 Kirschtomaten
1 Zweig Rosmarin
3 Zweige Thymian
2 EL Olivenöl
1 Spritzer Sojasauce
4 EL Pinienkerne

Außerdem:
Backpapier

ZUBEREITUNG:

Die Gemüsebrühe in einem Topf erhitzen, die Polenta einrühren und unter Rühren kurz aufkochen lassen. Die Hitzezufuhr reduzieren und die Polenta bei schwacher Hitze unter ständigem Rühren rund 15 Minuten köcheln und ausquellen lassen. Die Polenta-Masse auf Backpapier glatt streichen und auskühlen lassen. Danach mit einem Glas Taler ausstechen oder einfach in Stücke schneiden.

Die Zucchini und Aubergine waschen, putzen und in Stücke schneiden. Kirschtomaten waschen und abtropfen lassen. Rosmarinnadeln und Thymianblätter abzupfen und fein hacken.

Olivenöl in einer Pfanne erhitzen und die Zucchini, die Aubergine, die Kirschtomaten, Rosmarin und Thymian darin bei mittlerer Hitze rund 5 Minuten braten. Mit Sojasauce würzen. Die Pinienkerne untermischen.

Das Gemüse entweder auf Teller oder in eine Lunchbox geben und die Polenta darauf anrichten.

Tipp: Das Gericht schmeckt natürlich auch warm sehr gut. Am besten eine große Portion kochen, davon essen und die Reste am nächsten Tag mitnehmen.

Nährwerte pro Portion:
443 kcal • 18 g Eiweiß • 74 g Kohlenhydrate • 11 g Fett

MEDITERRANER WILDREIS

ZUTATEN:

250 g Basmati-Wildreis-Mischung
Salz
1 Zucchino
4 Karotten
2 gelbe Paprikaschoten
1 Zwiebel
1 Fleischtomate
2 EL Rapsöl
½ TL Pfeffer
1 TL Rosmarin
2 EL Weißweinessig
1 Handvoll Oliven

ZUBEREITUNG:

Die Reismischung mit 500 Milliliter Wasser und 1 Prise Salz zum Kochen bringen. Die Hitzezufuhr reduzieren und die Reismischung zugedeckt rund 25 Minuten bei schwacher Hitze gar kochen. Zwischendurch immer mal umrühren. Das Wasser sollte am Ende komplett aufgesogen sein.

Zucchino, Karotten und Paprikaschoten waschen, putzen und in mundgerechte Stücke schneiden. Die Zwiebel abziehen und fein würfeln. Die Fleischtomate waschen, putzen und würfeln.

Öl in einer Pfanne erhitzen und die Zwiebelwürfel darin anbraten. Zucchini-, Karotten- und Paprikawürfel dazugeben und bissfest dünsten. Mit Salz, Pfeffer, Rosmarin und Essig würzen.

Die Tomatenwürfel und die Oliven unter die Gemüsepfanne mischen. Den Reis unterheben.

Nährwerte pro Portion:
392 kcal • 8 g Eiweiß • 61 g Kohlenhydrate • 13 g Fett

AUBERGINENTALER MIT LINSEN UND COUSCOUS

ZUTATEN:

Für die Auberginentaler:
2 Auberginen
½ TL Salz
2 Knoblauchzehen
1 Chilischote
3 EL Olivenöl
3 Zweige Rosmarin

Für die Linsen:
200 g Beluga-Linsen
1 Knoblauchzehe
1 Lorbeerblatt
¼ TL Pfeffer
1 Fleischtomate
1 EL Olivenöl
1 TL Sojasauce

Für den Couscous:
200 g Couscous
1 Bund Petersilie
1 Bio-Limette
Salz
Pfeffer

ZUBEREITUNG:

Für die Taler die Auberginen waschen, putzen, in Scheiben schneiden und salzen, damit sie etwas Wasser ziehen können.

Währenddessen die Linsen in einem Sieb unter fließendem kaltem Wasser waschen, abtropfen lassen und in einen Topf füllen. Knoblauch abziehen und mit Lorbeerblatt und Pfeffer zu den Linsen geben. Die doppelte Menge Wasser dazugeben (400 Milliliter), alles einmal aufkochen, die Hitzezufuhr reduzieren und die Linsen bei schwacher Hitze 25 bis 30 Minuten ganz weich kochen. Lorbeerblatt und Knoblauch entfernen. Linsen abgießen und abtropfen lassen.

Die Tomate waschen, Stielansatz entfernen und das Fruchtfleisch in kleine Würfel schneiden. Linsen, Öl und Sojasauce mit einer Gabel zu Mus verarbeiten. Tomatenwürfel unter das Linsenmus heben.

Die Auberginenscheiben kalt abspülen und trocken tupfen. Knoblauch abziehen und fein würfeln. Chilischote putzen und klein schneiden. In drei Portionen Olivenöl in einer Pfanne erhitzen und die Auberginenscheiben darin mit je etwas Knoblauch und Chilistücken sowie einem Rosmarinzweig auf beiden Seiten braten.

Für den Couscous 300 Milliliter Wasser aufkochen, den Couscous in einer Schüssel damit übergießen und einige Minuten quellen lassen. Petersilie waschen, trocken schütteln und fein hacken. Limette heiß waschen, die Schale fein abreiben, ohne dass die weiße Haut mitentfernt wird, und den Saft auspressen. Petersilie, Limettenschale und Limettensaft zum Couscous geben. Mit Salz und Pfeffer würzen.

Tipp: In einer Dose mit drei Unterteilungen transportieren.

Nährwerte pro Portion:
488 kcal • 20 g Eiweiß • 65 g Kohlenhydrate • 14 g Fett

COUSCOUS-MOZZARELLA-SALAT

FOTO

ZUTATEN:

250 ml Gemüsebrühe
200 g Couscous
2 EL Olivenöl
½ Bund Petersilie
½ Zwiebel
1 Bio-Zitrone
Salz
Pfeffer
1 Bund Rucola
2 Kugeln Mozzarella
2 Avocados
250 g Kirschtomaten
4 EL grünes Pesto

ZUBEREITUNG:

Brühe aufkochen. Couscous mit 1 Esslöffel Olivenöl einrühren und bei schwacher Hitze zugedeckt etwa 10 Minuten quellen lassen. In eine Schüssel geben und mit einer Gabel leicht auflockern.

Petersilie waschen und grob hacken. Zwiebel abziehen und fein würfeln. Zitrone heiß waschen, die Schale zur Hälfte fein abreiben und den Saft auspressen. Petersilie, Zwiebelwürfel, Zitronenschalenabrieb, Zitronensaft, 1 Esslöffel Olivenöl, Salz und Pfeffer verrühren.

Rucola waschen und abtropfen lassen. Mozzarella in Stücke schneiden. Avocados halbieren, das Fruchtfleisch auslösen und würfeln. Tomaten waschen und halbieren. Alle Zutaten inklusive Pesto unter den Couscous ziehen. Den Salat etwa 30 Minuten durchziehen lassen.

Nährwerte pro Portion:
668 kcal • 22 g Eiweiß • 42 g Kohlenhydrate • 41 g Fett

GARTENSALAT MIT KARTOFFELN

ZUTATEN:

1 kg festkochende Kartoffeln
2 EL Olivenöl
750 g TK-Bohnen
1 Bund Radieschen
2 Bund Basilikum
50 ml Olivenöl
50 g Mandeln
Salz, Pfeffer
2 EL Hefeflocken

ZUBEREITUNG:

Kartoffeln schälen und würfeln. Öl erhitzen und die Kartoffelwürfel darin zugedeckt bei mittlerer Hitze in rund 15 Minuten rösten.

Bohnen putzen, die Stangen halbieren, blanchieren und in Eiswasser abschrecken. Radieschen waschen, putzen und stifteln. Basilikum mit Öl und Mandeln in einem Mixer pürieren und mit Salz, Pfeffer und Hefeflocken würzen. Alle Zutaten miteinander vermischen.

Nährwerte pro Portion:
378 kcal • 14 g Eiweiß • 44 g Kohlenhydrate • 13 g Fett

PICK

NICK
& FINGERFOOD

ESSEN FÜR UNTERWEGS
UND DAS BUFFET

TOFU-TOMATEN-SPIESSE

FOTO

ZUTATEN:

400 g Tofu
2 EL Sesamöl
2 EL Sojasauce
2 EL frisch gepresster Limettensaft
½ TL Sambal Oelek
2 Knoblauchzehen
24 Kirschtomaten
4 EL Rapsöl

Außerdem:
8 Schaschlikspieße

ZUBEREITUNG:

Den Tofu in Würfel schneiden. Sesamöl, Sojasauce, Limettensaft und Sambal Oelek mischen. Knoblauch abziehen und dazupressen. Die Tofuwürfel in der Marinade wenden und 30 Minuten ziehen lassen.

Die Kirschtomaten waschen. Abwechselnd Tofuwürfel und Tomaten auf Spieße stecken.

Öl erhitzen und die Spieße darin rundum 3 bis 5 Minuten braten. Alternativ die Spieße auf den Grill legen.

Tipp: Die Spieße schmecken auch gut, wenn sie mit Sesam bestreut werden. Dafür 1 Esslöffel Pfeilwurzelstärke mit 1 Esslöffel Wasser verrühren, die Tofuspieße durchziehen und in Sesam wenden. Wer mag, serviert die Spieße auf kurz gegartem Blattspinat.

Nährwerte pro Portion:
260 kcal • 9 g Eiweiß • 5 g Kohlenhydrate • 23 g Fett

GURKE MIT GRANATAPFEL

ZUTATEN:

1 Salatgurke
½ Päckchen Frischkäse
¼ Granatapfel

ZUBEREITUNG:

Die Gurke waschen, putzen und in Scheiben schneiden. Die Gurkenscheiben mit Frischkäse bestreichen. Die Granatapfelkerne aus der Schale lösen und darauf verteilen.

Nährwerte pro Portion:
50 kcal • 2 g Eiweiß • 5 g Kohlenhydrate • 3 g Fett

VEGANE CHAMPIGNONKÖPFE

ZUTATEN:

16 große braune Champignons

Für die Füllung:

200 g Mandeln
1 Zitrone
2 Bund Basilikum
4 EL Mandelmilch
1 TL Meersalz
½ TL Pfeffer

Zum Bestreuen:

60 g Kokosraspel

Außerdem:

1 flache Auflaufform (25 × 25 cm)

ZUBEREITUNG:

Für die Füllung die Mandeln in einer Schüssel mit Wasser bedecken und 30 Minuten einweichen.

Den Backofen auf 200 °C (Umluft 180 °C, Gas Stufe 3–4) vorheizen. Eine flache Auflaufform bereitstellen.

Die Champignons leicht abbürsten und die Stiele abtrennen. Sind die Stiele sehr schmutzig, die Unterkante abschneiden und eventuell die äußere Schale abziehen.

Die eingeweichten Mandeln abgießen. Die Zitrone waschen und den Saft auspressen. Basilikum waschen und trocken schütteln. Mandeln, Pilzstiele, Zitronensaft, Basilikum, Mandelmilch, 125 Milliliter Wasser, Salz und Pfeffer zu einer cremigen Masse pürieren.

Die Champignonköpfe mit der Basilikumcreme füllen, mit den Kokosraspeln bestreuen und in die Auflaufform setzen.

Die Form in den Backofen schieben und die gefüllten Champignons rund 15 Minuten grillen, bis sie leicht schrumpelig und die Kokosraspeln goldbraun werden.

Tipp: Die Creme lässt sich am besten mit einem leistungsstarken Standmixer herstellen.

Nährwerte pro Portion:
457 kcal • 21 g Eiweiß • 9 g Kohlenhydrate • 37 g Fett

BLUMENKOHL-OMELETTE MIT MINZJOGHURT

ZUTATEN:

Für den Minzjoghurt:

1 Zwiebel
1 Zitrone
2 EL Olivenöl
250 g Naturjoghurt
2 Bund Minze
Salz
Pfeffer

Für das Omelette:

1 Blumenkohl
2 Bund frischer Dill
4 große Eier
1 Zitrone
1 TL Salz
2 TL Pfeffer

Außerdem:

2 EL Rapsöl

ZUBEREITUNG:

Für den Minzjoghurt die Zwiebel abziehen und fein reiben. Den Saft der halben Zitrone auspressen. Zwiebelabrieb, Zwiebelsaft, Zitronensaft und Olivenöl unter den Joghurt rühren. Minze waschen, trocken schütteln, die Blätter abzupfen, fein hacken und dazugeben. Mit Salz und Pfeffer würzen. Den Minzjoghurt beiseitestellen.

Für das Omelette den Blumenkohl putzen, waschen, in kleine Röschen zerteilen und in einer Küchenmaschine auf Reisgröße zerkleinern. Auf einem flachen Teller ausbreiten und 3 Minuten in der Mikrowelle bei 600 Watt erhitzen. Herausnehmen, Blumenkohl kurz abkühlen lassen, zwischen Küchenkrepppapier legen und so viel Flüssigkeit wie möglich herausdrücken.

Den Dill waschen, trocken schütteln und fein hacken. Die Eier in eine Schüssel aufschlagen. Den Saft der Zitronenhälfte dazupressen, Blumenkohl und Dill dazugeben und alles miteinander verquirlen. Mit Salz und Pfeffer würzen.

Rapsöl in einer Pfanne erhitzen und die Ei-Blumenkohl-Masse in vier Portionen beidseitig zu Omelettes ausbacken. Mit dem Minzjoghurt servieren.

Nährwerte pro Portion:
316 kcal • 18 g Eiweiß • 14 g Kohlenhydrate • 22 g Fett

ANTIPASTI-ZUCCHINI

FOTO

ZUTATEN:

800 g Zucchini
4 EL Olivenöl
1 Bund frische Petersilie
2 EL Aceto balsamico
1 TL Salz
1 TL Pfeffer

Außerdem:
Oregano zum Garnieren

ZUBEREITUNG:

Die Zucchini waschen, putzen und der Länge nach in Streifen schneiden. Die Zucchinistreifen mit 2 Esslöffel Öl bestreichen und portionsweise in einer Pfanne beidseitig braten.

Die Petersilie waschen, trocken schütteln und fein hacken. Das restliche Öl mit Essig, Salz und Pfeffer mischen und die Petersilie unterziehen. Die Zucchini damit beträufeln. Mit Kresse garnieren.

Tipp: Die Scheiben können auch im Backofen gegrillt werden.

Nährwerte pro Portion:
159 kcal • 4 g Eiweiß • 6 g Kohlenhydrate • 12 g Fett

AUBERGINEN-BRUSCHETTA

ZUTATEN:

1 Ciabatta
2 kleine Auberginen
2 EL Olivenöl
1 Bund Basilikum
4 Tomaten
1 Kugel Mozzarella
50 g geriebener Parmesan

ZUBEREITUNG:

Den Backofen auf 200 °C (Umluft 180 °C, Gas Stufe 3–4) vorheizen. Ciabatta in Scheiben schneiden und im Backofen kurz anrösten.

Die Auberginen waschen, putzen und quer in die gleiche Anzahl von Scheiben schneiden, wie es Brotscheiben gibt. Öl in einer Pfanne erhitzen und die Auberginenscheiben darin beiseitig anbraten. Auf die getoasteten Brotscheiben legen.

Basilikum waschen, trocken schütteln und klein hacken. Tomaten waschen, putzen und würfeln. Mozzarella klein schneiden. Alles auf den Auberginenscheiben drapieren. Mit Parmesan bestreuen.

Nährwerte pro Portion:
397 kcal • 20 g Eiweiß • 46 g Kohlenhydrate • 16 g Fett

QUARK-KRÄUTER-MUFFINS

FOTO

ZUTATEN:

1 Bund Petersilie
1 Bund Schnittlauch
250 g Magerquark
200 ml Milch
60 ml Rapsöl
2 Eier
100 g Mehl (Type 1050)
150 g Dinkelmehl
1 Päckchen Backpulver
1 Prise Salz

Außerdem:
1 Muffinblech
12 Muffin-Papierförmchen

ZUBEREITUNG:

Den Backofen auf 200 °C (Umluft 180 °C, Gas Stufe 3–4) vorheizen. Ein Muffinblech mit Papierförmchen auskleiden.

Petersilie und Schnittlauch waschen, trocken schütteln und fein schneiden. Den Quark mit der Milch glatt rühren. Öl, Eier, Mehl, Backpulver, Kräuter und Salz dazugeben und 3 Minuten verrühren.

Den Teig in die Papierförmchen bis zu zwei Drittel ihrer Höhe einfüllen. Das Muffinblech in den heißen Backofen stellen und die Muffins 20 bis 25 Minuten backen.

Nährwerte pro Portion:
472 kcal • 21 g Eiweiß • 48 g Kohlenhydrate • 22 g Fett

HIRSEKÜCHLEIN MIT CURRYDIP

ZUTATEN:

125 g Hirseflocken
1 gelbe Paprikaschote
1 Zwiebel
1 Ei, 1 Eiweiß
Salz, Pfeffer
1 TL Paprikapulver
4 EL Rapsöl
2 Frühlingszwiebeln
250 g Magerquark
50 g Sahne
Salz
1 EL Currypulver

ZUBEREITUNG:

Für die Küchlein die Hirseflocken mit 250 Milliliter heißem Wasser übergießen, quellen und auskühlen lassen. Paprikaschote putzen, Zwiebel abziehen, beides fein würfeln und mit Ei und Eiweiß unter die Hirsemasse geben. Mit Salz, Pfeffer und Paprikapulver würzen. Aus dem Teig kleine Taler formen und in Öl ausbacken. Warm halten.

Für den Dip Frühlingszwiebeln waschen, in Ringe schneiden, mit Quark und Sahne verrühren und mit Salz und Currypulver würzen.

Nährwerte pro Portion:
348 kcal • 16 g Eiweiß • 29 g Kohlenhydrate • 18 g Fett

BLUMENKOHLSALAT

ZUTATEN:

Für den Salat:

1 Blumenkohl

3 Frühlingszwiebeln

1 rote Paprikaschote

2 Stangen Sellerie

80 g grüne Oliven

Für das Dressing:

120 g Cashewkerne

1 kleine Knoblauchzehe

1 TL Hefeflocken

60 ml Mandelmilch

2 EL frisch gepresster Zitronensaft

1 TL Senf

Salz

Pfeffer

1 Prise Kala Namak (Steinsalzmineral)

ZUBEREITUNG:

Wasser mit etwas Salz in einem Topf zum Kochen bringen. Den Blumenkohl putzen, waschen und in kleine Röschen zerteilen. In das kochende Wasser geben und in 10 bis 15 Minuten weich kochen. Die Röschen abgießen und auskühlen lassen.

Für das Dressing die Cashewkerne in einer kleinen Schüssel mit heißem Wasser bedecken und 15 Minuten einweichen lassen.

Frühlingszwiebeln, Paprikaschote und Sellerie waschen, putzen und klein schneiden. Oliven in Scheiben schneiden. Die Blumenkohlröschen mit dem Gemüse vermengen.

Cashewkerne abgießen. Knoblauch abziehen und fein hacken. Cashewkerne, Knoblauch, Hefeflocken, Mandelmilch, Zitronensaft und Senf in einem Mixer miteinander zu einer cremigen Masse pürieren. Mit Salz und Pfeffer würzen. Nach Belieben mit etwas mehr Mandelmilch verdünnen.

Den Salat mit dem Dressing anmachen und nach Bedarf mit Kala Namak, Salz und Pfeffer abschmecken.

Info: Der Geruch von Kala Namak ähnelt dem von Schwefel.

Nährwerte pro Portion:
277 kcal • 13 g Eiweiß • 20 g Kohlenhydrate • 17 g Fett

PAPRIKA-KARTOFFEL-TARTES

ZUTATEN:

Für den Teig:
250 g Mehl
½ TL Salz
1 Ei
125 g Butter

Für die Füllung:
3 festkochende Kartoffeln (z. B. Nicola, Linda)
1 gelbe Paprikaschote
5 getrocknete Tomaten
100 g Weißkäse nach Fetaart
½ TL Fenchelsamen
½ TL Rosmarin
2 Eier
8 Oliven ohne Stein
5 Zweige Basilikum

Außerdem:
1 beschichtetes Muffinblech

ZUBEREITUNG:

Für den Teig Mehl, Salz, Ei und die Butter in kleinen Flöckchen in eine Schüssel geben und mit den Knethaken eines Handrührgerätes vermengen. Den Teig durchkneten, zu einer Rolle formen, in Frischhaltefolie wickeln und 30 Minuten im Kühlschrank ruhen lassen.

Für die Füllung die Kartoffeln waschen und mit der Schale weich kochen. Abgießen und etwas auskühlen lassen. Den Backofen auf 200 °C (Umluft 180 °C, Gas Stufe 3–4) vorheizen.

Paprikaschote waschen, vierteln, entkernen und im heißen Backofen mit der Haut nach oben rösten, bis diese gebräunt ist und Blasen wirft. Paprika herausnehmen (Backofen anlassen), abschrecken, häuten und das Fruchtfleisch klein schneiden. Tomaten fein würfeln. Käse zerbröseln. Paprika, Tomate und Käse miteinander vermischen.

Teig in 12 Stücke schneiden. Jedes Stück zu einem Kreis von 12 Zentimeter Durchmesser ausrollen und in eine Mulde des Muffinblechs geben, die überstehenden Kanten dabei in dekorative Wellen legen.

Die Kartoffeln pellen und quer in 1 Zentimeter dicke Scheiben schneiden. Je eine Kartoffelscheibe in ein Teigkörbchen legen. Gut die Hälfte der Paprikamischung darauf verteilen. Mit je einer zweiten Kartoffelscheibe bedecken.

Fenchelsamen in einem Mörser zerstoßen. Rosmarin hacken. Die Eier mit Fenchel und Rosmarin verquirlen und den Mix in die Förmchen gießen. Den Rest der Paprikamischung darauf verteilen. Die Oliven in Scheiben schneiden und ebenso darauf verteilen.

Die Tartes im heißen Backofen backen, bis die Teigkanten schön braun geworden sind. Nach dem Backen weitere 5 Minuten in der Form ruhen lassen. Mit Basilikum garnieren.

Nährwerte pro Portion:
662 kcal • 19 g Eiweiß • 61 g Kohlenhydrate • 38 g Fett

MUSKEL

FOOD

FÜR DIE REGENERATION NACH DEM SPORT

FISCHFILETS AUF GRÜNEM SPARGEL NACH ASIA-ART

ZUTATEN:

4 Heilbuttfilets (à 200 g)
24 Stangen grüner Spargel
250 g Pilze (Morcheln, Shiitake oder Austernpilze)
4 cm Ingwer
1 Karotte
4 EL Sojasauce
4 EL Reiswein
1 Prise Salz
1 TL Pfeffer

Außerdem:

4 Stück Backpapier mit 30 cm Kantenlänge

ZUBEREITUNG:

Den Backofen auf 200 °C (Umluft 180 °C, Gas Stufe 3–4) vorheizen.

Die Fischfilets unter fließendem kaltem Wasser waschen und abtropfen lassen. Spargel waschen, nach Bedarf holzige Enden wegschneiden und die Stangen nur im unteren Drittel schälen. Pilze putzen und nach Bedarf die Stiele entfernen. Ingwer schälen und fein würfeln. Karotte schälen und in sehr feine Würfel schneiden.

Vier Blätter Backpapier auslegen, in der Mitte einmal falten. Spargel und Pilze auf einer Hälfte verteilen. Die Fischfilets mittig auflegen und mit Ingwer- und Karottenwürfeln bestreuen. Mit Sojasauce, Reiswein sowie Salz und Pfeffer würzen.

Das Backpapier über die Zutaten legen und nun vom rechten bis zum linken Ende mit kleinen Knicken halbmondförmig verschließen. Die letzte Falte entgegen der Richtung unter die anderen schieben. Dadurch kann während des Erhitzens weder Feuchtigkeit noch Aroma verloren gehen.

Die Päckchen auf ein Backblech legen, in den heißen Backofen schieben und die Fischfilets etwa 25 Minuten garen lassen. Mit einem Finger leicht durch das Papier auf den Fisch drücken. Fühlt er sich zart an, ist er durch.

Die Pakete herausnehmen, auf Teller legen, vorsichtig öffnen und umgehend servieren.

Nährwerte pro Portion:
248 kcal • 45 g Eiweiß • 7 g Kohlenhydrate • 4 g Fett

THUNFISCH MIT KÜRBIS-FETA-COUSCOUS

ZUTATEN:

Für den Salat mit Fisch:

500 g Romanasalat
1 rote Paprikaschote
500 g Rispentomaten
100 g schwarze Oliven ohne Stein
500 g Thunfischfilet

Für das Dressing:

2 Knoblauchzehen
4 EL Olivenöl
4 EL frisch gepresster Zitronensaft
2 EL Dijonsenf
½ TL Thymian

Für den Couscous:

200 g Couscous
250 g Hokkaido-Kürbis
1 gelbe Paprikaschote
2 Zweige Minze
2 EL Weißkäse nach Fetaart
Salz
Pfeffer

Außerdem:

2 EL Mandelblättchen

ZUBEREITUNG:

Salat putzen, waschen, trocken schütteln und in Stücke zupfen. Paprikaschote waschen, putzen und in mundgerechte Stücke schneiden. Tomaten waschen und halbieren. Salat, Paprika, Tomaten und Oliven miteinander vermischen und beiseitestellen.

Den Backofen auf 120 °C (Umluft 100 °C, Gas Stufe 1) vorheizen.

Für das Dressing Knoblauch abziehen und fein hacken. Olivenöl, Zitronensaft, Senf, Thymian und Knoblauch vermischen und bis zur Verwendung im Kühlschrank lagern.

300 Milliliter Wasser aufkochen, den Couscous in einer Schüssel damit übergießen und einige Minuten quellen lassen.

Wasser mit Salz zum Blanchieren aufkochen. Kürbis entkernen, in kleine Würfel schneiden und 3 Minuten blanchieren. Paprikaschote waschen, putzen und klein würfeln. Minzblätter waschen, trocken schütteln, abzupfen und fein hacken. Käse zerkrümeln. Couscous, Kürbis- und Paprikawürfel, Minze und Käse miteinander vermischen und mit Salz und Pfeffer würzen.

Eine beschichtete Pfanne erhitzen und den Thunfisch darin für je 2 Minute pro Seite scharf anbraten, dabei beidseitig mit Salz und Pfeffer würzen. Den Thunfisch in den warmen Backofen stellen und in 10 Minuten fertig garen lassen – im Kern soll der Fisch am Ende noch roh sein. Herausnehmen, in 1 Zentimeter dicke Tranchen schneiden und kurz beiseitestellen.

Die Salatmischung auf vier Tellern anrichten. Das Dressing darübergeben und den Thunfisch portionsweise auflegen. Couscousmischung daneben anrichten und mit den Mandelblättchen bestreuen.

Nährwerte pro Portion:
689 kcal • 43 g Eiweiß • 54 g Kohlenhydrate • 32 g Fett

MATJES MIT LEINÖLQUARK

ZUTATEN:

1 kg festkochende Kartoffeln
500 g Magerquark
100 ml Mineralwasser mit Kohlensäure
1 TL Salz
1½ TL Pfeffer
1 Bund Petersilie
1 Bund Schnittlauch
1 Bund Dill
½ Zitrone
3 EL Leinöl
400 g Matjesfilet

ZUBEREITUNG:

Die Kartoffeln mit Schale 15 bis 20 Minuten in kochendem Salzwasser garen.

Den Quark mit Mineralwasser glatt rühren und mit Salz und Pfeffer würzen.

Petersilie, Schnittlauch und Dill waschen, trocken schütteln, klein schneiden und zum Quark geben. Zitronensaft auspressen und mit dem Leinöl in den Quark rühren.

Die Kartoffeln abgießen und pellen. Mit dem Leinölquark und den Matjes servieren.

Tipp: Dazu passt jeweils ein Spiegelei. Wer den Leinölquark geschmeidiger mag, rührt noch etwas mehr Mineralwasser unter.

Nährwerte pro Portion:
633 kcal • 38 g Eiweiß • 44 g Kohlenhydrate • 32 g Fett

GRÜNE FRITTATA

FOTO

ZUTATEN:

125 g Mozzarella
1 kg TK-Spinat
1 Gemüsezwiebel
2 Knoblauchzehen
2 EL Rapsöl
Salz, Pfeffer
100 g Parmesan
1 Bund Frühlingszwiebeln
100 g Kirschtomaten
6 Eier
100 ml Crème fraîche
60 g gemahlene Haselnüsse
2 TL Johannisbrotkernmehl
frisch geriebene Muskatnuss

Außerdem:
1 Springform (26 cm Ø)

ZUBEREITUNG:

Mozzarella ins Eisfach legen. Backofen auf 180 °C (Umluft 160 °C, Gas Stufe 2–3) vorheizen. Spinat auftauen und ausdrücken. Zwiebel und Knoblauch abziehen, würfeln und in Öl anschwitzen. Spinat zufügen, salzen und pfeffern. Parmesan und Mozzarella reiben. Frühlingszwiebeln waschen und in Ringe schneiden. Tomaten vierteln.

Die Eier in einer Schüssel aufschlagen. Crème fraîche, Haselnüsse und Johannisbrotkernmehl einrühren und zur Spinatmischung geben. Mit 1 Teelöffel Salz, 2 Teelöffel Pfeffer und Muskatnuss würzen. Die Masse in eine Springform von 26 Zentimeter Durchmesser geben. Die Frittata im heißen Backofen 20 bis 25 Minuten backen.

Tipp: Wer die Frittata mit Teig essen will, verwendet fertigen Filoteig aus der Kühltheke als Unterlage. Dann wird die Frittata glutenhaltig.

Nährwerte pro Portion:
635 kcal • 39 g Eiweiß • 20 g Kohlenhydrate • 45 g Fett

TOAST MIT EI UND MAKRELENFILETS

ZUTATEN:

4 Makrelenfilets
½ Bund Schnittlauch
125 g Rucola
8 Eier
Salz, Pfeffer
4 TL Butter
8 Scheiben Toastbrot
Cayennepfeffer

ZUBEREITUNG:

Makrelenfilets in Stücke schneiden. Schnittlauch waschen und in Röllchen schneiden. Rucola waschen und trocken schütteln. Eier verquirlen, salzen, pfeffern und in Butter zu Rührei braten. Fisch dazugeben und alles braten, bis das Ei schön cremig ist. Brot toasten und mit der Eiermasse belegen. Mit Cayennepfeffer würzen, mit Schnittlauchröllchen bestreuen und mit Rucola garnieren.

Nährwerte pro Portion:
582 kcal • 40 g Eiweiß • 58 g Kohlenhydrate • 34 g Fett

PUTENBRUST MIT GEMÜSE AUS DEM BACKOFEN

ZUTATEN:

- 200 g brauner Reis (Vollkornreis)
- 1 Stange Lauch
- 1 rote Chilischote
- 500 g Butternut-Kürbis
- 1 gelbe Paprikaschote
- 4 rote Zwiebeln
- 400 g Champignons
- 20 Cherrytomaten
- 500 g Putenbrust
- 1 TL Salz
- 1 TL Pfeffer
- 2 TL rosenscharfes Paprikapulver
- 2 EL Rapsöl
- 2 Knoblauchzehen
- 250 ml Gemüsebrühe
- 2 Zweige Thymian
- 3 Zweige Rosmarin

Außerdem:

- 1 Auflaufform (16 x 25 cm)

ZUBEREITUNG:

Den Reis kurz unter kaltem Wasser abspülen und abtropfen lassen. 400 Milliliter Wasser in einen Topf geben, salzen, den Reis dazugeben und zum Kochen bringen. Die Hitzezufuhr reduzieren und den Reis bei schwacher Hitze in rund 40 Minuten garen.

Lauch und Chilischote waschen, putzen und in Ringe schneiden. Kürbis schälen, entkernen und das Fruchtfleisch in Würfel schneiden. Paprikaschote waschen, putzen und in Stücke schneiden. Zwiebeln abziehen und fein würfeln. Champignons je nach Größe halbieren oder vierteln. Tomaten waschen und je nach Größe halbieren oder ganz lassen.

Den Backofen auf 180 °C (Umluft 160 °C, Gas Stufe 2–3) vorheizen.

Putenbrust unter fließendem kaltem Wasser waschen, trocken tupfen, in Stücke schneiden und mit je ½ TL Salz, Pfeffer und Paprikapulver würzen. Öl in einer beschichteten Pfanne erhitzen, die Putenbruststücke darin von allen Seiten anbraten und wieder herausnehmen.

Das Gemüse im restlichen Bratfett anschwitzen. Knoblauch abziehen und dazupressen. Brühe angießen. Mit dem restlichen Salz und Pfeffer würzen. Thymian und Rosmarin waschen und trocken schütteln.

Das Gemüse in eine Auflaufform geben, das Fleisch darauf verteilen und die Kräuterzweige einlegen. Die Form in den heißen Backofen stellen und das Gericht 20 Minuten schmoren lassen.

Den Reis zusammen mit dem Fleisch servieren.

Nährwerte pro Portion:
474 kcal • 42 g Eiweiß • 55 g Kohlenhydrate • 8 g Fett

OFENHÄHNCHEN MIT PILZEN

ZUTATEN:

500 g Hähnchenbrust
400 g Champignons
4 Süßkartoffeln
8 Zweige Rosmarin
Salz
Pfeffer
4 TL Olivenöl

Außerdem:
4 EL Schnittlauchröllchen

ZUBEREITUNG:

Den Backofen auf 175 °C (Umluft 155 °C, Gas Stufe 2–3) vorheizen. Ein Backblech mit Backpapier auslegen.

Hähnchenbrust kurz waschen und trocken tupfen. Champignons putzen und in Scheiben schneiden. Süßkartoffeln schälen und in fingerdicke Scheiben schneiden. Rosmarin waschen und trocken schütteln. Alles auf das Backblech legen, salzen, pfeffern und mit Öl beträufeln. Das Backblech in den heißen Backofen schieben und das Gericht 20 Minuten garen. Schnittlauchröllchen über das Essen streuen.

Nährwerte pro Portion:
534 kcal • 40 g Eiweiß • 74 g Kohlenhydrate • 10 g Fett

BACKOFEN-TOFU MIT EDAMAME

ZUTATEN:

500 g Tofu
20 Stangen grüner Spargel
600 g Butternut-Kürbis
400 g TK-Edamame
½ TL Salz
½ TL Pfeffer
1 TL edelsüßes Paprikapulver
2 Zwiebeln
4 Knoblauchzehen

ZUBEREITUNG:

Backofen vorheizen auf 175 °C (Umluft 155 °C, Gas Stufe 2–3). Ein Backblech mit Backpapier auslegen. Tofu in Scheiben schneiden. Spargel waschen und putzen. Kürbis schälen, entkernen und in Stücke schneiden. Alles mit den Edamame auf das Backblech legen. Mit Salz, Pfeffer und Paprikapulver würzen und 20 Minuten backen.

Zwiebeln und Knoblauch abziehen und fein würfeln. Die weichen Kürbisstücke vom Backblech nehmen und das Backblech zurück in den ausgeschalteten Backofen schieben. Kürbis, Zwiebel und Knoblauch pürieren, dabei nach Bedarf etwas heißes Wasser dazugeben. Das Kürbispüree mit Tofu, Edamame und dem Gemüse anrichten.

Nährwerte pro Portion:
284 kcal • 26 g Eiweiß • 26 g Kohlenhydrate • 12 g Fett

QUESADILLA MIT HÜHNCHEN UND ZIEGENKÄSE

ZUTATEN:

1 Zwiebel
300 g Hähnchenbrustfilet
1 Dose Mais (285 g Abtropfgewicht)
6 Zweige Koriandergrün
2 EL Olivenöl
1 Prise Pfeffer
150 g Ziegenfrischkäse
4 EL geriebener Emmentaler
1 Bund Dill

Außerdem:
16 Tortillas (à 8 cm Ø)

ZUBEREITUNG:

Zwiebel abziehen und in feine Würfel schneiden. Hähnchenbrustfilet unter fließendem kaltem Wasser waschen, trocken tupfen und in kleine Würfel schneiden. Mais abtropfen lassen. Koriandergrün waschen, trocken schütteln, die Blätter anzupfen und fein hacken.

1 Esslöffel Olivenöl in einer Pfanne erhitzen und die Fleisch- und Zwiebelwürfel darin bei mittlerer Hitze anbraten. Maiskörner unter Rühren dazugeben und 2 weitere Minuten braten. Mit Pfeffer würzen. Vom Herd nehmen und das Koriandergrün untermischen.

Ziegenkäse und Emmentaler miteinander vermengen. Den Käse auf acht Tortillas verteilen, die Fleisch-Gemüse-Masse daraufgeben und mit den restlichen Tortillas abdecken.

1 Esslöffel Olivenöl in eine saubere Pfanne geben und mit einem Stück Küchenkrepp darin verteilen. Die Quesadillas 5 bis 6 Minuten in der Pfanne braten, bis der Käse schmilzt. Nach 3 Minuten einmal wenden. Zum Anrichten halbieren oder vierteln. Dill waschen, trocken schütteln und die Quesadillas damit garnieren.

Tipp: Dazu Sour Cream und Salsa zum Dippen reichen.

Nährwerte pro Portion:
443 kcal • 35 g Eiweiß • 29 g Kohlenhydrate • 22 g Fett

AUFTA

NKEN

REZEPTE FÜRS CARBOLOADING

NUDELN MIT SOJA-BOLOGNESE

ZUTATEN:

Für die Sauce:

600 ml Gemüsebrühe
100 g Soja-Granulat (Schnetzel)
2 Zwiebeln
2 Karotten
2 Knoblauchzehen
2 EL Olivenöl
60 g Tomatenmark
2 Dosen stückige Tomaten (à 400 g Abtropfgewicht)
300 g passierte Tomaten
2 TL Basilikum
2 TL Oregano
2 TL Thymian
1 TL Salz
1 TL Pfeffer

Für die Nudeln:

500 g Vollkorn-Penne

Außerdem:

4 Stängel frisches Basilikum
50 g Parmesan

ZUBEREITUNG:

Für die Sauce in einem Topf 400 Milliliter Gemüsebrühe aufkochen. Die kochende Brühe vom Herd nehmen, die Sojaschnetzel dazugeben und etwa 15 Minuten quellen lassen.

Die Zwiebeln abziehen und fein würfeln. Die Karotten waschen, putzen und fein raspeln. Knoblauch abziehen.

Das Öl in einem Topf erhitzen und die Zwiebelwürfel darin anschwitzen. Karotten dazugeben, Knoblauch dazupressen und beides kurz mitdünsten. Das Tomatenmark unterrühren und mit 200 Milliliter kalter Gemüsebrühe ablöschen. Sojamasse, stückige und passierte Tomaten, Basilikum, Oregano, Thymian, Salz und Pfeffer in den Topf geben und alles etwa 10 Minuten köcheln lassen.

Währenddessen die Nudeln al dente kochen. Dafür Wasser mit Salz in einem Topf aufkochen, die Nudeln dazugeben und nach Packungsangabe in etwa 10 Minuten gar kochen. Frisches Basilikum waschen und trocken schütteln. Parmesan raspeln.

Die Nudeln abgießen und auf Tellern anrichten. Die Sauce darübergeben, mit Parmesan bestreuen und mit Basilikum garnieren.

Tipp: Veganer können sich einen veganen Parmesan aus 1 Teil Mandeln, 1 Teil Pinienkernen und 1 Teil Hefeflocken im Mixer zubereiten.

Nährwerte pro Portion:
682 kcal • 39 g Eiweiß • 94 g Kohlenhydrate • 14 g Fett

TOFU-AUBERGINEN-GULASCH

ZUTATEN:

Für den Tofu:
6 Zweige Thymian
2 Zweige Rosmarin
3 EL Sojasauce
1 EL Rapsöl
400 g Tofu
4 EL Mehl
1 EL Olivenöl

Für das Gemüse:
600 g Tomaten
2 Zwiebeln
2 Knoblauchzehen
2 rote Paprikaschoten
1 Zucchini
1 Aubergine
2 EL Tomatenmark
1 TL Salz
1 TL Pfeffer
2 TL rosenscharfes Paprikapulver

ZUBEREITUNG:

Für den Tofu Thymian und Rosmarin waschen, trocken schütteln und klein hacken. In einer Schüssel Thymian, Rosmarin, Sojasauce, Rapsöl und 150 Milliliter Wasser miteinander verrühren. Tofu in 2 Zentimeter große Würfel schneiden, unter die Marinade mischen und mindestens 1 Stunde lang marinieren.

Für das Gemüse Wasser zum Blanchieren aufkochen. Die Tomaten waschen, Stielansätze entfernen, die Früchte kreuzweise einschneiden und 30 Sekunden blanchieren. Herausnehmen, Haut abziehen und das Fruchtfleisch würfeln. Zwiebeln und Knoblauch abziehen und fein würfeln. Paprikaschoten, Zucchini und Aubergine waschen, putzen und würfeln.

Die marinierten Tofuwürfel mit Küchenkrepp abtrocknen und in dem Mehl wenden. Öl in einer Pfanne erhitzen und die Tofuwürfel darin anbraten. Zwiebeln und Knoblauch dazugeben und kurz mitbraten. Paprika- und Auberginenwürfel, Tomatenmark und Tofumarinade zufügen und etwa 5 Minuten mitdünsten. Zum Schluss die Tomatenwürfel dazugeben und 3 Minuten mitgaren. Mit Salz, Pfeffer und Paprikapulver kräftig würzen.

Tipp: Dazu schmeckt frisches Baguette. Oder servieren Sie das Gulasch mit Vollkornnudeln.

Nährwerte pro Portion:
285 kcal • 15 g Eiweiß • 29 g Kohlenhydrate • 12 g Fett

LINSEN-CHILI

ZUTATEN:

200 g grüne Linsen
2 Zwiebeln
2 Paprikaschoten
2 EL Rapsöl
2 Dosen stückige Tomaten (à 400 g Abtropfgewicht)
2 Knoblauchzehen
1 Dose Mais (285 g Abtropfgewicht)
1 Dose Kidneybohnen (à 400 g Abtropfgewicht)
2 TL rosenscharfes Paprikapulver
1 TL Chilipulver
½ TL Salz
¼ TL Pfeffer
2 Prisen Zucker

ZUBEREITUNG:

Die Linsen in einem Sieb kurz unter fließendem kaltem Wasser abspülen und abtropfen lassen. Die Linsen in einen Topf mit 350 Milliliter Wasser zum Kochen bringen, die Hitzezufuhr reduzieren und bei schwacher Hitze in etwa 45 Minuten weich kochen.

Die Zwiebeln abziehen und fein würfeln. Die Paprikaschoten waschen, putzen und in kleine Stücke schneiden. Rapsöl in einer beschichteten Pfanne erhitzen und beides darin anbraten. Die Dosentomaten mit ihrer Flüssigkeit hinzugeben. Knoblauch abziehen und durch eine Knoblauchpresse dazupressen. Mais und Kidneybohnen abtropfen lassen.

Die fertig gegarten Linsen abgießen. Linsen, Kidneybohnen und Mais zur Tomatenmischung geben. Alles einmal kurz aufkochen lassen und mit Paprika- und Chilipulver würzen. Mit Salz, Pfeffer und Zucker abschmecken.

Tipp: Dazu schmeckt frisch gebackenes Brot sehr gut.

Nährwerte pro Portion:
396 kcal • 22 g Eiweiß • 54 g Kohlenhydrate • 9 g Fett

WEISSWEIN-GARNELEN MIT SÜSSKARTOFFELSPIRALEN

ZUTATEN:

Für die Spiralen:

1 kg Süßkartoffeln
2 rote Zwiebeln
2 Knoblauchzehen
1 Chilischote
1 Stange Lauch
3 EL Öl

Für die Garnelen:

500 g küchenfertige Nordsee-Garnelen
3 EL Öl
1 Zitrone
100 ml Weißwein
100 ml Gemüsebrühe
1 TL Salz
1 TL Pfeffer

Außerdem:

1 Bund Petersilie

ZUBEREITUNG:

Für die Spiralen die Süßkartoffeln waschen, schälen und mit einem Spiralschneider in Spaghettiform aufschneiden. Zwiebeln und Knoblauch abziehen und fein würfeln. Chilischote und Lauch waschen, putzen und in sehr feine Ringe schneiden.

Das Öl in einer Pfanne erhitzen und Zwiebeln, Knoblauch, Chili und Lauch darin anbraten. Wenn alles weich ist, die Süßkartoffelspiralen dazugeben, 50 Milliliter Wasser angießen und einen Deckel auflegen. Rund 10 Minuten dünsten, bis die Süßkartoffeln gar sind. Das Wasser sollte nach den 10 Minuten verdunstet sein, gegebenenfalls noch kurz ohne Deckel garen.

Währenddessen die Garnelen unter fließendem kaltem Wasser abspülen und abtropfen lassen. Sobald das Wasser in der Pfanne verdunstet ist, die Süßkartoffelspiralen an den Pfannenrand schieben, das Öl zugeben und die Garnelen in der Pfannenmitte braten, bis sie rosa und gar sind.

Den Saft aus der Zitrone pressen. Weißwein, Zitronensaft und Gemüsebrühe in die Pfanne geben und alles bei schwacher Hitze kurz weitergaren. Mit Salz und Pfeffer abschmecken. Die Petersilie waschen, trocken schütteln, fein hacken und über das Gericht streuen.

Nährwerte pro Portion:
616 kcal • 31 g Eiweiß • 68 g Kohlenhydrate • 22 g Fett

HÄHNCHEN MIT CURRY-COUSCOUS

ZUTATEN:

4 EL Pinienkerne
600 g Hähnchenbrustfilet
2 Zwiebeln
2 EL Olivenöl
500 ml Gemüsebrühe
350 g Couscous
100 g getrocknete Kirschen
1 TL Salz
2 TL Currypulver
2 Prisen gemahlener Zimt
1 Bund Frühlingszwiebeln
100 g Kirschtomaten
½ grüne Paprikaschote

ZUBEREITUNG:

Die Pinienkerne in einer Pfanne ohne Öl goldbraun rösten und beiseitestellen.

Das Hähnchenfleisch unter fließendem kaltem Wasser waschen, trocken tupfen und in Stücke schneiden. Die Zwiebeln abziehen und in feine Würfel schneiden.

Olivenöl in einer Pfanne bei mittlerer Hitze erhitzen und die Zwiebel- und Hähnchenstücke darin rund 10 Minuten anbraten. Mit der Brühe ablöschen, aufkochen lassen und vom Herd nehmen.

Couscous und Kirschen dazugeben, mit Salz, Currypulver und Zimt würzen, abdecken und etwa 10 Minuten quellen lassen.

Die Frühlingszwiebeln waschen, putzen und in Ringe schneiden. Die Kirschtomaten waschen und halbieren. Die Paprikaschote waschen, putzen und in mundgerechte Stücke schneiden.

Couscous mit einer Gabel auflockern und Frühlingszwiebeln, Kirschtomaten, Paprika und Pinienkerne unterrühren.

Nährwerte pro Portion:
677 kcal • 51 g Eiweiß • 81 g Kohlenhydrate • 14 g Fett

KICHERERBSENBURGER MIT SCHARFER MAYO

ZUTATEN:

Für die Burger:

50 g Mandeln

1 große Dose Kichererbsen (480 g Abtropfgewicht)

½ Bund glatte Petersilie

2 Knoblauchzehen

1 Ei

1 TL Kreuzkümmel (Cumin)

½ TL Koriander

1 TL Salz

2 EL Rapsöl

Für die Sauce:

½ scharfe Chilischote

2 EL Mayonnaise

Außerdem:

1 Tomate

⅓ Salatgurke

½ Kopf Lollo bionda

4 Pitabrote (à 15 cm Ø)

ZUBEREITUNG:

Für die Burger Mandeln in einer Pfanne ohne Fett 3 bis 5 Minuten hellbraun rösten, herausnehmen und in einer Küchenmaschine fein vermahlen. Kichererbsen abgießen und abtropfen lassen. Petersilie waschen, trocken schütteln und fein hacken.

Kichererbsen in einer Schüssel zerdrücken. Knoblauch abziehen und dazupressen. Mandelmehl, Petersilie, Ei, Kreuzkümmel, Koriander und Salz zu den Kichererbsen geben und alles gut verrühren.

Aus der Kichererbsenmasse vier Burger formen. Öl in einer Pfanne erhitzen und darin die Burger bei mittlerer Hitze circa 5 Minuten pro Seite braten.

Währenddessen für die Sauce die Chilischote waschen, klein hacken und unter die Mayonnaise rühren.

Tomate und Gurke waschen, putzen und in Scheiben schneiden. Salat waschen und trocken schwenken.

Die Pitabrote von innen mit der Chilimayo bestreichen. Mit je 2 Salatblättern, Gurken-, Tomatenscheiben und einem Kichererbsenburger befüllen.

Nährwerte pro Portion:
613 kcal • 21 g Eiweiß • 72 g Kohlenhydrate • 24 g Fett

EMMERSALAT MIT GRÜNKOHL UND KICHERERBSEN

ZUTATEN:

200 g Emmer
1 Dose Kichererbsen (265 g Abtropfgewicht)
2 Bio-Blutorangen
4 EL Olivenöl
8 EL Apfelessig
4 TL Agavendicksaft
500 g Grünkohl

ZUBEREITUNG:

Wasser in einem Topf zum Kochen bringen, den Emmer einrieseln lassen und unter gelegentlichem Rühren bei schwacher Hitze etwa 40 Minuten quellen lassen. Abgießen und auskühlen lassen. Kichererbsen abtropfen lassen.

Blutorangen heiß waschen und die Schale fein abreiben, ohne dass die weiße Haut mitentfernt wird. Die Blutorangen filetieren. Dazu die einzelnen Fruchtfilets über einer kleinen Schüssel zwischen den Trennhäuten herausschneiden und den austretenden Saft auffangen.

Für das Dressing etwa 4 Teelöffel Orangenschale, Öl, Essig, Agavendicksaft und den aufgefangenen Saft miteinander vermischen.

Den Grünkohl waschen, putzen und grob hacken. Emmer, Kichererbsen, Orangenfilets und Grünkohl und vermischen und das Dressing unterrühren.

Tipp: Der Salat schmeckt am besten, wenn er ein bis zwei Stunden durchgezogen ist, da dann der Grünkohl etwas mürbe wird.

Nährwerte pro Portion:
452 kcal • 16 g Eiweiß • 56 g Kohlenhydrate • 12 g Fett

CIABATTA MIT SCHINKEN UND FEIGE

ZUTATEN:

125 g Rucola
2 Feigen
125 g Mozzarella
4 Ciabatta-Brötchen (italienisches Weißbrot)
8 Scheiben Parmaschinken, dünn geschnitten

ZUBEREITUNG:

Den Backofen auf 200 °C (Umluft 180 °C, Gas Stufe 2–3) vorheizen. Ein Backblech mit Backpapier auslegen. Rucola waschen und trocken schütteln. Feigen vierteln. Mozzarella in 8 Scheiben schneiden.

Die Brötchen halbieren und die Unterhälften mit je 2 Scheiben Käse und Schinken sowie 2 Feigenvierteln belegen. Alle Brötchenhälften im Backofen backen, bis der Mozzarella anfängt zu verlaufen. Rucola auf dem Käse verteilen und die Unterhälften mit den oberen Brötchenhälften bedecken.

Tipp: Die Brötchen füllen und in einem Sandwichtoaster toasten.

Nährwerte pro Portion:
340 kcal • 21 g Eiweiß • 39 g Kohlenhydrate • 11 g Fett

HIRSE MIT OBST

ZUTATEN:

1 Vanilleschote
1,2 l Pflanzenmilch (z. B. Hafer, Dinkel, Mandel)
2 TL gemahlener Zimt
200 g Hirse
1 kg Obst (z. B. Beeren)

ZUBEREITUNG:

Die Vanilleschote längs aufschneiden, das Mark herauskratzen und mit Pflanzenmilch und Zimt in einen Topf geben. Aufkochen lassen, die Hirse einrühren, einmal aufkochen lassen und zugedeckt bei schwacher Hitze etwa 15 Minuten quellen lassen, bis die Flüssigkeit aufgesogen ist, dabei mehrmals umrühren. Abkühlen lassen.

Obst waschen, nach Bedarf putzen und in mundgerechte Stücke schneiden. Hirse auf Tellern anrichten und das Obst darauf verteilen.

Nährwerte pro Portion:
436 kcal • 12 g Eiweiß • 72 g Kohlenhydrate • 11 g Fett

QUICK

&
EASY

SCHNELL GEKOCHT NACH EINEM LANGEN TAG

KOKOS-LIMETTEN-SEELACHS AUF SPINAT

ZUTATEN:

500 g Spinat
4 Seelachsfilets (à 150 g)
4 Knoblauchzehen
4 Bio-Limetten
4 EL Kokosöl
½ TL Salz
½ TL Pfeffer
Thymian

ZUBEREITUNG:

Den Spinat waschen, putzen, abtropfen lassen und in einer Schüssel beiseitestellen.

Die Fischfilets unter fließendem kaltem Wasser waschen und trocken tupfen. Knoblauch abziehen und fein würfeln. Limetten heiß waschen und die Schale fein abreiben, ohne dass die weiße Haut mitentfernt wird. Den Saft ausdrücken.

2 Esslöffel Kokosöl in einer Pfanne bei mittlerer Hitze erwärmen und Knoblauch, Limettenschale, Salz und Pfeffer einrühren. Die Filets darin von beiden Seiten jeweils 3 bis 4 Minuten goldbraun braten.

Den Fisch aus der Pfanne nehmen und kurz warm stellen. Das restliche Kokosöl mit dem Limettensaft in die Pfanne geben. Den Spinat zugeben, kurz durchrühren und leicht zusammenfallen lassen. Mit Salz und Pfeffer würzen und auf Tellern anrichten. Mit den Fischfilets belegen und mit Thymian garnieren.

Nährwerte pro Portion:
300 kcal • 32 g Eiweiß • 8 g Kohlenhydrate • 13 g Fett

BAUERNSALAT MIT FETA UND WASSERMELONE

ZUTATEN:

1 rote Paprikaschote
12 Kirschtomaten
2 rote Zwiebeln
350 g Wassermelone
1 Kopf Blattsalat
1 Bund Minze
200 g Weißkäse nach Fetaart

Für das Dressing:
4 EL Kräuteressig
1 EL Honig
6 EL Olivenöl
½ TL Salz
¼ TL Pfeffer

ZUBEREITUNG:

Die Paprikaschote waschen, putzen und in dünne Streifen schneiden. Kirschtomaten waschen und halbieren.

Die Zwiebeln abziehen und in dünne Ringe schneiden.

Die Wassermelone schälen, das Fruchtfleisch erst in breite Streifen, dann in Würfel schneiden und sichtbare Kerne entfernen.

Den Salat waschen, putzen und die Blätter etwas zerpflücken.

Die Minze waschen, trocken schütteln und die Blätter abzupfen.

Den Käse in kleine Stücke schneiden. Alle Zutaten miteinander vermischen.

Für das Dressing Essig und Honig verrühren und das Öl während des Rührens nach und nach hineinträufeln. Mit Salz und Pfeffer würzen. Das Dressing über die Salatzutaten geben. Sofort servieren.

Tipp: Wer einen Kugelausstecher zur Hand hat, kann aus der Melone auch kleine Melonenbällchen ausstechen.

Nährwerte pro Portion:
374 kcal • 12 g Eiweiß • 17 g Kohlenhydrate • 28 g Fett

GEBRATENER TOFU AN ASIATISCHEM KÜRBIS-BROKKOLI-CURRY

ZUTATEN:

500 g Tofu
Salz
Pfeffer
600 g Delicata-Kürbis
500 g Brokkoli
2 Frühlingszwiebeln
2 cm Ingwer
3 Knoblauchzehen
½ Jalapeño (Chilischote)
2 EL Rapsöl
240 ml Kokosmilch
3 EL grüne Currypaste
125 ml Gemüsebrühe
1 Prise Cayennepfeffer
4 TL brauner Zucker
3 EL Sojasauce
½ Bund Basilikum
½ Bund Koriandergrün

ZUBEREITUNG:

Den Tofu in Stücke schneiden, salzen und pfeffern. Eine beschichtete Pfanne ohne Fett erhitzen und den Tofu darin bei großer Hitze etwa 4 Minuten von jeder Seite goldgelb anbraten, dabei ab und zu andrücken, damit Flüssigkeit entweichen und er richtig knusprig werden kann. Aus der Pfanne nehmen und beiseitestellen.

Kürbis schälen, entkernen und in kleine Würfel schneiden. Brokkoli waschen, putzen und in Röschen teilen. Die Kürbiswürfel mit 150 Milliliter Wasser in einen Topf geben und zugedeckt 5 Minuten dünsten. Den Brokkoli hinzugeben und 5 weitere Minuten garen.

Die Frühlingszwiebeln waschen, putzen und in Ringe schneiden. Ingwer schälen und klein schneiden. Knoblauch abziehen und fein würfeln. Jalapeño fein hacken.

Öl in einem Wok oder in einer großen Pfanne erhitzen und Frühlingszwiebeln, Ingwer, Knoblauch und Chilistücke darin 2 bis 3 Minuten unter Rühren braten. Kokosmilch, Currypaste, Brühe, Cayennepfeffer, Zucker und Sojasauce einrühren und aufkochen.

Kürbis und Brokkoli zufügen und kurz aufkochen. Die Hitzezufuhr reduzieren und die Flüssigkeit etwa 5 Minuten einkochen lassen.

Basilikum und Koriandergrün waschen, trocken schütteln, hacken und über das Gericht streuen. Den Tofu darauf verteilen.

Info: Delicata-Kürbisse ähneln geschmacklich den Butternut-Kürbissen. Sie sind von länglicher Form und haben eine gelbe Schale mit grünen Streifen.

Nährwerte pro Portion:
423 kcal • 18 g Eiweiß • 26 g Kohlenhydrate • 28 g Fett

ROTE-BETE-SUPPE MIT WALNÜSSEN

ZUTATEN:

2 Zwiebeln
8 Knoblauchzehen
2 mehlig kochende Kartoffeln
4 Rote Bete
2 EL Olivenöl
1½ l Gemüsebrühe
1 TL Salz
200 g saure Sahne (10 % Fett)
2 EL frisch gepresster Zitronensaft
½ Bund Petersilie
80 g Walnüsse

ZUBEREITUNG:

Zwiebeln und Knoblauch abziehen und fein würfeln. Kartoffeln waschen, schälen und in Würfel schneiden. Rote Bete schälen und ebenfalls würfeln.

Öl in einem Topf erhitzen und die Zwiebelwürfel darin bei mittlerer Hitze in 6 bis 7 Minuten glasig dünsten. Knoblauch zufügen und 1 weitere Minute mitdünsten. Kartoffeln und Rote Bete dazugeben und 3 bis 4 Minuten mitdünsten. Die Brühe aufgießen, zum Kochen bringen, die Hitzezufuhr reduzieren und den Topfinhalt rund 20 Minuten köcheln lassen, bis das Gemüse gar ist. Salzen, vom Herd nehmen und etwas abkühlen lassen.

Die Suppe mit einem Stabmixer oder in einem Mixer sämig pürieren. Saure Sahne mit dem Zitronensaft verrühren. Petersilie waschen, trocken schütteln und grob hacken. Walnüsse hacken, in einer Pfanne ohne Fett anrösten und in die Suppe rühren.

Die Suppe auf Teller geben und mit Zitronensahne und Petersilie garnieren.

Nährwerte pro Portion:
357 kcal • 9 g Eiweiß • 26 g Kohlenhydrate • 24 g Fett

ONE-POT-GARTENCURRY

ZUTATEN:

250 g Hokkaido-Kürbis
250 g Brokkoliröschen
250 g grüne Bohnen
2 Zwiebeln
2 Knoblauchzehen
1 Bio-Zitrone
250 g vorwiegend festkochende Kartoffeln
3 EL Olivenöl
1 l Gemüsebrühe
5 TL Currypulver
1 TL Salz
1 TL Pfeffer
½ TL Chilipulver

ZUBEREITUNG:

Kürbisfleisch würfeln. Brokkoli waschen. Bohnen waschen, putzen und halbieren. Zwiebeln und Knoblauch abziehen und fein würfeln. Zitrone heiß waschen, die Schale fein abreiben und den Saft auspressen. Kartoffeln waschen, schälen und würfeln. Alles mit Öl und Brühe in einen Topf geben. Mit Currypulver, Salz, Pfeffer und Chilipulver würzen.

Alles aufkochen und bei mittlerer Hitze 20 bis 25 Minuten offen köcheln lassen, bis die Flüssigkeit verkocht ist. Zum Ende der Garzeit prüfen, dass nichts anbrennt. Sollte die Brühe am Ende noch nicht vollständig verkocht sein, ein paar Minuten länger auf dem Herd lassen.

Nährwerte pro Portion:
204 kcal • 7 g Eiweiß • 20 g Kohlenhydrate • 9 g Fett

ONE-POT-FRÜHLING

ZUTATEN:

1 Bund grüner Spargel
1 Dose Kichererbsen (265 ml Abtropfgewicht)
2 Bund Bärlauch
Saft von 1 Bio-Zitrone
400 g Nudeln
600 ml Gemüsebrühe
8 EL Sojasahne
½ Bund Frühlingszwiebeln

ZUBEREITUNG:

Die Spargelstangen waschen, im unteren Drittel schälen und dritteln. Die Kichererbsen abgießen. Bärlauch waschen und klein schneiden. Alles mit Zitronensaft, Nudeln, Brühe und Sojasahne in einem Topf aufkochen und 15 Minuten köcheln lassen.

Frühlingszwiebeln waschen und in Ringe schneiden. Ist die Flüssigkeit fast vollständig verkocht, mit Frühlingszwiebelringen bestreuen.

Tipp: Statt Bärlauch grünes Blattgemüse wie Grünkohl wählen.

Nährwerte pro Portion:
527 kcal • 21 g Eiweiß • 89 g Kohlenhydrate • 8 g Fett

ONE-POT-PASTA PAD THAI

ZUTATEN:

1 große Karotte
1 kleine rote Paprikaschote
1 Schlangenbohne
½ Kopf Brokkoli
1 Schalotte
4 Knoblauchzehen
2 cm Ingwer
1 Chilischote
1 Bio-Limette
1 Bund Koriandergrün
50 g Erdnüsse
2 EL Kokosöl
200 ml Gemüsebrühe
6 EL Mushroom-Sauce (Asia-Laden)
1 EL Sojasauce
2 EL Erdnussbutter
500 g breite Reisnudeln
150 g Mungobohnensprossen

ZUBEREITUNG:

Das Gemüse waschen und putzen. Karotte und Paprikaschote in Stifte schneiden. Bohne in mundgerechte Stücke schneiden. Brokkoli in Röschen zerteilen.

Schalotte und Knoblauch abziehen, Ingwer schälen, Chilischote putzen und alles fein würfeln.

Limette heiß waschen, trocken schütteln und die Schale fein abreiben und den Saft auspressen. Sprossen unter fließendem Wasser abspülen.

Koriandergrün waschen, trocken schütteln und fein hacken. Erdnüsse schälen, hacken und in einer Pfanne ohne Fett anrösten.

1 Esslöffel Kokosöl in einem Wok erhitzen und darin die Karotte, Paprika, Bohne und den Brokkoli in 3 bis 4 Minuten unter Rühren bissfest garen. Beiseitestellen.

1 Esslöffel Kokosöl in den Wok geben und darin Schalotte, Knoblauch, Chili und Ingwer anschwitzen. Limettensaft und -schale, Brühe, Mushroom-Sauce und Sojasauce dazugeben. Erdnussbutter einrühren. Reisnudeln unterheben und nach Bedarf noch etwas Brühe nachgießen, um sie mit Flüssigkeit zu bedecken. Etwa 3 Minuten köcheln lassen, bis die Brühe verdunstet und die Nudeln gar sind.

Das Gemüse und die Sprossen unter die Reisnudeln heben und das Gericht mit Koriandergrün und Erdnüssen bestreuen.

Nährwerte pro Portion:
746 kcal • 20 g Eiweiß • 121 g Kohlenhydrate • 19 g Fett

TOFU MIT QUINOA-AVOCADO-SALAT

FOTO

ZUTATEN:

150 g rote Quinoa
250 g TK-Mais
300 g Räuchertofu
2 grüne Paprikaschoten
2 Avocados
8 Zweige Koriandergrün
4 EL frisch gepresster Limettensaft
½ TL Salz
½ TL Pfeffer

ZUBEREITUNG:

Quinoa in einem Sieb waschen und abtropfen lassen. Mit 300 Milliliter Wasser aufkochen und zugedeckt bei schwacher Hitze 12 Minuten köcheln lassen. Kurz vor Ende der Garzeit den Mais dazugeben und für 3 Minuten mitgaren. Die Mischung abkühlen lassen.

Tofu in Würfel schneiden. Paprikaschoten waschen, putzen und klein schneiden. Avocados halbieren, das Fruchtfleisch schälen und würfeln. Koriandergrün waschen, trocken schütteln und fein hacken.

Tofu, Paprika- und Avocadowürfel sowie Koriandergrün in eine Schüssel geben und vermischen. Mit Limettensaft, Salz und Pfeffer würzen. Die Quinoa-Mais-Mischung unterheben.

Nährwerte pro Portion:
438 kcal • 206 g Eiweiß • 33 g Kohlenhydrate • 24 g Fett

QUINOA-SALAT MIT ROASTBEEF

ZUTATEN:

150 g Quinoa
400 g TK-Brokkoli
2 Paprikaschoten
400 g Blattsalat
300 g Roastbeef
4 EL Rotweinessig
4 EL Olivenöl
1 TL Salz
1 TL Pfeffer

ZUBEREITUNG:

Quinoa in einem Sieb waschen und abtropfen lassen. Mit 300 Milliliter Wasser aufkochen und zugedeckt bei schwacher Hitze 12 Minuten köcheln lassen. Kurz vor Ende der Garzeit Brokkoli-Röschen dazugeben und für 2 Minuten mitgaren. Die Mischung abkühlen lassen.

Paprikaschoten waschen und fein würfeln. Salat waschen, trocken schütteln und klein zupfen. Roastbeef in Streifen schneiden. Diese drei Zutaten in einer Schüssel mit Essig, Öl, Salz und Pfeffer mischen. Die Quinoa-Brokkoli-Mischung unterheben.

Nährwerte pro Portion:
399 kcal • 29 g Eiweiß • 31 g Kohlenhydrate • 17 g Fett

SCHNELLES ERDNUSS-BLUMENKOHL-CURRY

ZUTATEN:

200 g Vollkornreis
½ TL Salz
1 Blumenkohl
200 g Champignons
2 EL Kokosöl
1 Dose Kokosmilch (400 ml)
3 EL Erdnussmus
1 TL Cayennepfeffer
2 TL Currypulver
1 TL Salz
100 g Mungobohnensprossen
5 Zweige Koriandergrün

ZUBEREITUNG:

Reis mit der doppelten Menge Wasser (400 Milliliter) in einen Topf geben, salzen und zum Kochen bringen. Die Hitzezufuhr reduzieren und den Reis zugedeckt köcheln lassen, bis das Wasser vollständig aufgenommen wurde; das dauert etwa 30 Minuten.

Währenddessen den Blumenkohl putzen, waschen und in mundgerechte Röschen zerteilen. Die Champignons putzen und fein würfeln.

Öl in einem Wok oder in einer großen Pfanne erhitzen und die Blumenkohlröschen darin anbraten, bis einige Stellen Farbe angenommen haben. Die Pilze dazugeben und 1 Minute mitbraten. 150 Milliliter Wasser hinzufügen und alles dünsten lassen, bis der Blumenkohl bissfest ist. Kokosmilch und Erdnussmus dazugeben. Mit Cayennepfeffer, Currypulver und Salz würzen. Alles aufkochen lassen und so lange rühren, bis das Erdnussmus vollständig gelöst ist.

Sprossen in ein Sieb geben, unter fließendem kaltem Wasser waschen, abtropfen lassen und unter das Curry rühren. Koriandergrün waschen, trocken schütteln, grob hacken und auf das Curry geben.

Nährwerte pro Portion:
560 kcal • 17 g Eiweiß • 48 g Kohlenhydrate • 34 g Fett

LEICHT

&
LECKER

GROSSE PORTIONEN,
WENIG KALORIEN

PFLÜCKSALAT MIT ZITRUSFRÜCHTEN UND SESAMCRACKERN

ZUTATEN:

Für die Sesamcracker:

1 großes Eiweiß

3 EL Zucker

½ TL Salz

¼ TL gemahlener Zimt

¼ TL Nelkenpulver

¼ TL frisch geriebene Muskatnuss

125 g helle Sesamsamen

Für das Dressing:

50 g Fenchel (inklusive Grün)

1 Schalotte

2 cm Ingwer

75 ml Olivenöl

1 EL Fenchelsamen

5 EL Apfelessig

2 EL Honig

Salz

Pfeffer

Für den Salat:

500 g gemischter Pflücksalat

1 Bund glatte Petersilie

3 Bio-Orangen

1 Grapefruit

ZUBEREITUNG:

Für die Cracker den Backofen auf 180 °C (Umluft 160 °C, Gas Stufe 2–3) vorheizen. Ein Backblech mit Backpapier auslegen. Eiweiß leicht schaumig schlagen und unter Rühren Zucker, Salz, Zimt, Nelkenpulver und Muskatnuss einrühren. Sesam einstreuen und den Eischnee vorsichtig durchrühren.

Sesammischung löffelweise in schmale, 2 Zentimeter lange Häufchen auf das Backblech geben und im heißen Backofen in 10 bis 12 Minuten goldbraun backen. Nach Bedarf zwischendurch wenden. Sesamcracker herausnehmen und auskühlen lassen.

Von dem Fenchel das Grün abschneiden und für den Salat beiseitelegen. Für das Dressing Fenchel waschen, putzen und fein hacken. Schalotte abziehen, Ingwer schälen und beides fein würfeln. Öl erhitzen und Fenchel, Schalotte, Ingwer und Fenchelsamen darin bei mittlerer Hitze etwa 10 Minuten anschwitzen, aber nicht bräunen lassen. Essig und Honig einrühren. Abkühlen lassen, salzen und pfeffern.

Für den Salat das Grün vom Fenchel waschen und klein schneiden. Pflücksalat waschen und trocken schütteln. Petersilie waschen, trocken schütteln und die Blätter von den Stielen zupfen. Orangen und Grapefruit heiß waschen. Die Schale von 1 Orange fein abreiben, ohne dass die weiße Haut mitentfernt wird. Alle Zitrusfrüchte filetieren und die Filets nach Bedarf in der Mitte durchschneiden.

Fenchelgrün, Pflücksalat, Petersilie, Orangen- und Grapefruitfilets mit dem Dressing vermischen. Die abgeriebene Orangenschale über den Salat streuen. Die Sesamcracker unmittelbar vor dem Servieren zum Salat geben.

Nährwerte pro Portion:
547 kcal • 12 g Eiweiß • 34 g Kohlenhydrate • 35 g Fett

SPARGELCREMESUPPE

ZUTATEN:

1½ kg grüner Spargel
2 Bund Frühlingszwiebeln
1 l Mandelmilch
500 ml Gemüsebrühe
6 EL Mandelblättchen
2 Prisen Cayennepfeffer
2 TL Estragon
8 EL Crème fraîche

ZUBEREITUNG:

Den Spargel waschen, nach Bedarf holzige Enden wegschneiden, die Stangen nur im unteren Drittel schälen und in Stücke schneiden. Frühlingszwiebeln waschen, putzen und in Ringe schneiden. Mandelmilch und Gemüsebrühe in einem Topf erhitzen. Spargel und Frühlingszwiebeln dazugeben und 20 Minuten garen.

Währenddessen die Mandelblättchen in einer beschichteten Pfanne ohne Fett bei schwacher Hitze kurz rösten, bis sie anfangen zu duften. Herausnehmen und beiseitestellen.

Die Suppe vom Herd nehmen, pürieren und mit Cayennepfeffer und Estragon würzen. Crème fraîche einrühren.

Vor dem Servieren mit den Mandelblättchen bestreuen.

Nährwerte pro Portion:
281 kcal • 13 g Eiweiß • 22 g Kohlenhydrate • 18 g Fett

GEBACKENE EIER IM PAPRIKA-GEMÜSE-NEST

ZUTATEN:

3 rote Zwiebeln
6 Knoblauchzehen
3 gelbe Paprikaschoten
3 rote Paprikaschoten
2 Bund Petersilie
3 Dosen stückige Tomaten (à 400 g Abtropfgewicht)
3 TL Harissa (scharfe Gewürzpaste)
1½ TL rosenscharfes Paprikapulver
2 gestrichene TL Salz
8 Eier

ZUBEREITUNG:

Den Backofen auf 180 °C (Umluft 160 °C, Gas Stufe 2–3) vorheizen.

Die Zwiebeln und den Knoblauch abziehen und fein würfeln. Die Paprikaschoten waschen, putzen und in Streifen schneiden. Die Petersilie waschen, trocken schütteln und fein hacken.

Zwiebel- und Knoblauchwürfel, Paprikastreifen und Dosentomaten in eine große ofenfeste Pfanne geben und mit Harissa und Paprikapulver würzen. Zum Kochen bringen, die Hitzezufuhr etwas reduzieren und etwa 10 Minuten garen, bis die Paprikastreifen weich sind. Petersilie unterrühren. Mit Salz würzen.

Mit einem Esslöffel kleine Mulden in die Pfannenmischung drücken und die Eier dort so hineinschlagen, dass sie sich nicht gegenseitig berühren. Die Pfanne in den heißen Backofen stellen und die Eier etwa 4 Minuten lang backen, bis das Eiweiß fest, das Eigelb aber noch flüssig ist.

Nährwerte pro Portion:
328 kcal • 22 g Eiweiß • 27 g Kohlenhydrate • 13 g Fett

MAROKKANISCHE GEMÜSESUPPE

ZUTATEN:

1 Zucchino
1 Dose Kichererbsen (265 g Abtropfgewicht)
1 Dose Artischockenherzen (240 g Abtropfgewicht)
1 Bund Frühlingszwiebeln
1 Bund Petersilie
1½ l Gemüsebrühe
2 Dosen stückige Tomaten (à 400 g Abtropfgewicht)
300 g Couscous
100 g Rosinen
½ TL gemahlener Zimt
½ TL Cayennepfeffer
1 TL Basilikum
1 TL Oregano
Salz
Pfeffer

ZUBEREITUNG:

Den Zucchino waschen, putzen, halbieren und in Scheiben schneiden. Die Kichererbsen abtropfen lassen. Die Artischockenherzen abtropfen lassen und vierteln.

Die Frühlingszwiebeln waschen, putzen und in feine Ringe schneiden. Die Petersilie waschen, trocken schütteln und fein hacken.

Gemüsebrühe und 500 Milliliter Wasser in einem Topf zum Kochen bringen. Die Hitzezufuhr reduzieren und Zucchino, Kichererbsen, Artischocken, Frühlingszwiebeln, Petersilie, Dosentomaten, Couscous und Rosinen in die Brühe geben.

Den Topfinhalt mit Zimt, Cayennepfeffer, Basilikum und Oregano würzen. Die Gemüsesuppe 5 bis 7 Minuten köcheln lassen. Mit Salz und Pfeffer abschmecken.

Nährwerte pro Portion:
502 kcal • 20 g Eiweiß • 90 g Kohlenhydrate • 3 g Fett

BOMBAY-BLUMENKOHL

ZUTATEN:

Für den Blumenkohl:
1 Blumenkohl
2 Zimtstangen
8 Kapseln Kardamom
4 TL Kreuzkümmel (Cumin)
2 TL Gewürznelken
2 EL Koriandersamen
2 EL edelsüßes Paprikapulver
3 TL Garam masala (Gewürzmischung)
2 TL Cayennepfeffer
2 EL Kurkuma
1 TL frisch geriebene Muskatnuss
½ TL Safran
1 Bio-Zitrone
4 Knoblauchzehen
2 cm Ingwer
1 TL Salz
2 EL Rapsöl

Für den Minzjoghurt:
1 Bund Minze
2 EL Rapsöl
400 g Kokosjoghurt
1 TL Salz
1 TL Pfeffer
Zitronensaft nach Bedarf

ZUBEREITUNG:

Den Blumenkohl mit dem Strunk im Ganzen belassen, waschen und nur die äußeren grünen Blätter entfernen.

Die Zimtstangen grob zerbrechen, Kardamom aus den Kapseln lösen und beides mit Kreuzkümmel, Gewürznelken und Koriandersamen in einem Mörser zerstoßen. Paprikapulver, Garam masala, Cayennepfeffer, Kurkuma, Muskatnuss und Safran dazugeben und so lange zerreiben, bis sich die Gewürze gut vermischt haben.

Die Zitrone heiß waschen und die Schale fein abreiben, ohne dass die weiße Haut mitentfernt wird. Den Saft auspressen. Knoblauch abziehen und durch eine Knoblauchpresse zu dem Zitronensaft drücken. Ingwer schälen, fein reiben und dazugeben. 2 Esslöffel der Gewürzmischung aus dem Mörser, Salz und Rapsöl einrühren.

Den Blumenkohl mit der enstandenen Gewürzpaste bepinseln und 1½ Stunden marinieren lassen.

Für den Minzjoghurt die Minze waschen, trocken schütteln und fein hacken. Das Öl mit dem Kokosjoghurt vermischen, Minze einrühren und mit Salz und Pfeffer würzen. Nach Belieben noch etwas Zitronensaft beimengen.

Den Backofen auf 180 °C (Umluft 160 °C, Gas Stufe 2–3) vorheizen. Ein Backblech mit Backpapier auslegen. Den Blumenkohl auf das Backblech stellen und auf der mittleren Schiene im Backofen 1 Stunde backen. Am Ende gegebenenfalls mit Alufolie abdecken, die Temperatur auf 150 °C (Umluft 130 °C, Gas Stufe 1) zurückschalten und den Blumenkohl weitere 30 Minuten backen, bis er weich ist.

Den Minzjoghurt zum Blumenkohl reichen.

Nährwerte pro Portion:
367 kcal • 9 g Eiweiß • 12 g Kohlenhydrate • 30 g Fett

ZUCCHINISALAT MIT HUHN

ZUTATEN:

4 Hähnchenbrustfilets
1 TL Salz
1 TL Pfeffer
2 Zitronen
50 ml Olivenöl
2 TL Oregano
2 TL Thymian
2 Zweige Rosmarin
2 Knoblauchzehen
4 Zucchini
Salz
400 g Kirschtomaten
5 EL Weißweinessig
100 g Joghurt
Pfeffer

Außerdem:
1 Auflaufform (25 × 16 cm)

ZUBEREITUNG:

Den Backofen auf 200 °C (Umluft 180 °C, Gas Stufe 3–4) vorheizen. Eine Auflaufform bereitstellen.

Die Hähnchenbrustfilets unter fließendem kaltem Wasser waschen, trocken tupfen und mit Salz und Pfeffer einreiben. Die Zitronen auspressen. Zitronensaft, Olivenöl, Oregano und Tymian mischen. Die Hähnchenbrustfilets damit einreiben und nebeneinander in die Auflaufform legen. Rosmarinzweige auflegen. Knoblauch abziehen, in Scheiben schneiden und auf dem Fleisch verteilen. Die Form in den heißen Backofen stellen und das Fleisch 30 bis 40 Minuten backen, bis es ganz durch ist.

Für den Salat die Zucchini waschen, putzen, in Spiralform aufschneiden und mit 1 Teelöffel Salz bestreuen, damit sie weich werden. Kirschtomaten waschen und abtropfen lassen.

Sobald das Huhn fertig ist, aus dem Backofen nehmen, in Alufolie wickeln, 5 Minuten ruhen lassen und dann erst anschneiden. Den Bratensaft in eine Pfanne gießen und erhitzen. Die Kirschtomaten in die Pfanne geben, sodass diese leicht aufplatzen. Mit Weißweinessig ablöschen und zu den Zucchinipiralen geben.

Den Salat auf vier Teller verteilen. Das Fleisch quer zur Faser in Scheiben schneiden und auf den Salat geben. Joghurt mit Salz und Pfeffer verrühren und jeweils ein paar Kleckse obendrauf geben.

Tipp: Dazu passen auch frische Kräuter wie Petersilie, Dill und Basilikum.

Nährwerte pro Portion:
342 kcal • 36 g Eiweiß • 12 g Kohlenhydrate • 15 g Fett

ZUCCHININUDELN MIT MANDELSAUCE

ZUTATEN:

500 g Zucchini
2 Knoblauchzehen
1 Bund Basilikum
160 g Mandeln
2 Dosen stückige Tomaten (à 400 g Abtropfgewicht)
4 EL Olivenöl
5 Champignons
1 TL Salz
1 TL Pfeffer
4 TL Parmesan

ZUBEREITUNG:

Die Zucchini waschen, putzen und mit einem Spiralschneider in Nudelform schneiden. Knoblauch abziehen und fein würfeln. Basilikum waschen, trocken schütteln und klein schneiden.

Die Mandeln in einem Mixer grob hacken. Knoblauch, Basilikum, Tomaten und 3 Esslöffel Öl zu den Mandeln geben und alles zusammen cremig rühren. Die Sauce in einem kleinen Topf kurz aufkochen.

Währenddessen die Champignons putzen und in Scheiben schneiden. 1 Esslöffel Öl in einer Pfanne erhitzen und die Champignonscheiben darin anbraten. Mit Salz und Pfeffer würzen.

Zucchininudeln mit der Sauce mischen, die gebratenen Pilze darauflegen und alles mit Parmesan bestreuen.

Tipp: Wem die Nudeln so zu kalt sind, der kann die Spiralen auch kurz durch eine heiße Pfanne ohne Fett ziehen und darin mit der Mandelsauce mischen.

Nährwerte pro Portion:
446 kcal • 16 g Eiweiß • 11 g Kohlenhydrate • 35 g Fett

SALAT MIT GEBACKENEM KÜRBIS, GRANATAPFEL UND ZIEGENKÄSE

ZUTATEN:

Für den Salat:

800 g Butternut-Kürbis
2 EL Olivenöl
1 TL Salz
2 TL Pfeffer
450 g grüner Salat (z.B. Spinat, Feldsalat, junger Mangold)
¼ Granatapfel
100 g Walnüsse
120 g Weißkäse nach Fetaart

Für das Dressing:

2 Frühlingszwiebeln
6 EL Kürbiskernöl
4 EL Weißweinessig
6 EL Orangensaft
2 TL Dijonsenf
2 TL Honig
½ TL Salz
1 TL Pfeffer

ZUBEREITUNG:

Den Backofen auf 200 °C (Umluft 180 °C, Gas Stufe 3–4) vorheizen. Ein Backblech mit Backpapier auslegen.

Den Kürbis schälen, entkernen, in Stücke schneiden und in einer Schüssel mit Öl, Salz und Pfeffer vermischen. Die gewürzten Kürbisstücke auf dem Backblech ausbreiten und etwa 30 Minuten backen, bis sie bissfest und leicht gebräunt sind. Aus dem Backofen nehmen und ganz abkühlen lassen.

Für das Dressing die Frühlingszwiebeln waschen, putzen und klein schneiden. Frühlingszwiebeln, Öl, Essig, Orangensaft, Senf, Honig, Salz und Pfeffer in einem Shaker gut durchschütteln, bis das Dressing eine cremige Konsistenz hat.

Salat waschen, trocken schütteln und die Blätter auf vier Tellern verteilen. Den gebackenen Kürbis daraufgeben. Granatapfelkerne aus der Schale lösen und darüberstreuen. Walnüsse kurz in einer Pfanne anrösten und ebenso darauf verteilen. Käse würfeln und darüberstreuen. Zum Schluss das Dressing über den Salat geben.

Tipp: Alternativ Walnüsse durch Pistazien und Kürbiskerne ersetzen und statt dem Weißkäse etwas Ziegenfrischkäse verwenden.

Nährwerte pro Portion:
568 kcal • 12 g Eiweiß • 26 g Kohlenhydrate • 51 g Fett

DETOX

DAYS

STRAHLEND SCHÖNE GERICHTE

CHIA-GRANATAPFEL-SMOOTHIE MIT MINZE

ZUTATEN:

12 EL Chiasamen
1 l Reismilch
½ Granatapfel
8 Datteln
2 Vanilleschoten
4 Zweige Minze

Außerdem:
4 Gläser (à 300 ml Inhalt)

ZUBEREITUNG:

Die Chiasamen mit der Reismilch vermengen und 15 bis 30 Minuten quellen lassen.

Den Granatapfel entkernen. Die Datteln halbieren. Vanilleschoten längs halbieren und das Mark mit einem Messerrücken herauskratzen. Minze waschen, trocken schütteln und die Blätter abzupfen.

Alle Zutaten in einen Mixer geben und bei höchster Stufe zu einem Smoothie vermischen.

Tipp: Wer es süßer mag, kann etwas Ahornsirup hinzugeben. Außerdem schmeckt auch jede andere Pflanzenmilch in diesem Smoothie.

Nährwerte pro Portion:
298 kcal • 7 g Eiweiß • 35 g Kohlenhydrate • 12 g Fett

WEIZENGRAS-SMOOTHIE

ZUTATEN:

2 Bananen
200 g Baby-Spinat
300 g TK-Beeren
6 TL Weizengraspulver
2 EL Agavendicksaft

Außerdem:
4 Gläser (à 300 ml Inhalt)

ZUBEREITUNG:

Die Bananen schälen und in Stücke brechen. Den Baby-Spinat waschen und abtropfen lassen.

Bananenstücke, Spinat und Beeren in einen Mixer geben. 800 Milliliter Wasser einfüllen. Weizengraspulver und Agavendicksaft hinzugeben. Kräftig aufmixen und alles zu einem glatten Smoothie pürieren.

Nährwerte pro Portion:
128 kcal • 4 g Eiweiß • 22 g Kohlenhydrate • 0 g Fett

QUINOA MIT KNACKIGEM SALAT

ZUTATEN:

200 g Quinoa
600 g Blattsalat
20 Kirschtomaten
1 Salatgurke
2 gelbe Paprikaschoten
3 EL Olivenöl
4 EL Aceto balsamico
2 TL Senf
1 TL Salz
1 TL Pfeffer
1 Bund frische Kräuter (z.B. Petersilie, Kerbel, Dill)

ZUBEREITUNG:

Quinoa in ein Sieb geben, unter fließendem warmem Wasser waschen und abtropfen lassen. Mit 400 Milliliter Wasser in einem Topf zum Kochen bringen. Die Hitzezufuhr reduzieren und die Quinoa zugedeckt bei schwacher Hitze 15 Minuten köcheln lassen. Den Topf vom Herd ziehen und die Quinoa weitere 5 Minuten ausquellen lassen.

Den Salat waschen und klein zupfen. Tomaten waschen und halbieren. Die Gurke und die Paprikaschoten waschen, putzen und würfeln. Alles miteinander vermengen. Mit der Quinoa auf Tellern anrichten.

Für das Dressing Öl, Senf, Salz und Pfeffer vermischen. Kräuter waschen, trocken schütteln und hacken. Beides zum Salat geben.

Nährwerte pro Portion:
337 kcal • 13 g Eiweiß • 45 g Kohlenhydrate • 12 g Fett

TOFUSALAT MIT ZUCKERSCHOTEN

ZUTATEN:

4 EL Sojasauce
4 EL Mandelmus
4 Knoblauchzehen
600 g Zuckerschoten
400 g Räuchertofu
4 EL Rapsöl
1 TL Salz
1 TL Pfeffer
4 TL Sesamsamen

ZUBEREITUNG:

Für das Dressing die Sojasauce mit Mandelmus verrühren. Knoblauch abziehen und durch eine Knoblauchpresse dazupressen.

Für den Salat Zuckerschoten waschen, putzen und in feine Streifen schneiden. Tofu in Streifen schneiden. Öl erhitzen und Tofu und Zuckerschoten darin anbraten, mit Salz und Pfeffer würzen. Das Dressing darübergeben und alles kurz erwärmen. Mit Sesam bestreuen.

Nährwerte pro Portion:
475 kcal • 25 g Eiweiß • 19 g Kohlenhydrate • 33 g Fett

KÜRBIS-LAUCH-SUPPE

ZUTATEN:

1,4 kg Hokkaido-Kürbis
1 Stange Lauch
8 EL Olivenöl
2 EL Currypulver
1½ l Gemüsebrühe
Salz
1 TL Pfeffer
600 g Tomaten
8 TL Kürbiskerne
1 TL Chiliflocken

ZUBEREITUNG:

Den Kürbis waschen, halbieren, die Kerne entfernen und das Fruchtfleisch in Würfel schneiden. Den Lauch waschen, putzen und in Scheiben schneiden.

Das Olivenöl in einem großen Topf erhitzen und den Lauch darin anschwitzen. Mit Currypulver bestäuben und unter Rühren 3 Minuten dünsten. Die Brühe dazugießen und aufkochen lassen.

Die Kürbisstücke hinzufügen und erneut aufkochen lassen. Die Hitzezufuhr reduzieren und alles zugedeckt bei mittlerer Hitze etwa 15 Minuten köcheln lassen, bis der Kürbis weich ist. Mit Salz und Pfeffer würzen.

Die Tomaten waschen, die Stielansätze entfernen und das Fruchtfleisch würfeln. Die Tomatenwürfel zur Suppe geben und noch weitere 5 Minuten mitköcheln lassen.

Die Suppe mit einem Stabmixer pürieren. Mit Kürbiskernen und Chiliflocken bestreuen und servieren.

Tipp: Wer mag, röstet die Kürbiskerne in einer fettfreien Pfanne an, bis sie duften.

Nährwerte pro Portion:
437 kcal • 11 g Eiweiß • 27 g Kohlenhydrate • 32 g Fett

TAHINI-BUDDHA-BOWL

ZUTATEN:

Für das Dressing:
2 Zitronen
4 EL Tahini (Sesampaste)
1 TL Salz
2 EL Wasser
2 EL Olivenöl

Für die Bowl:
400 g Kichererbsen
1 EL Olivenöl
½ TL Kreuzkümmel (Cumin)
¼ TL Garam masala (Gewürzmischung)
¼ TL Cayennepfeffer
¼ TL rosenscharfes Paprikapulver
¼ TL Salz
200 g Grünkohl
¼ Kopf Rotkraut
4 Tomaten
½ Stange Rettich
1 Salatgurke
200 g Blaubeeren

ZUBEREITUNG:

Für das Dressing die Zitronen halbieren und den Saft auspressen. Zitronensaft, Tahini, Salz und Wasser vermischen und unter Rühren das Öl einlaufen lasssen.

Den Backofen auf 180 °C (Umluft 160 °C, Gas Stufe 2–3) vorheizen. Ein Backblech mit Backpapier auslegen.

Die Kichererbsen in ein Sieb geben, unter fließendem kaltem Wasser abspülen, abtropfen lassen, von den weißen Häutchen befreien und mit Küchenkrepp abtrocknen. Öl mit Kreuzkümmel, Garam masala, Cayennpfeffer, Paprikapulver und Salz vermischen. Kichererbsen damit ummanteln, auf das Backblech legen und rund 30 Minuten im Backofen backen. Zwischendurch einmal wenden.

Währenddessen Grünkohl waschen, putzen und von den groben Stielen befreien. Das äußere Blatt vom Rotkraut nach Bedarf entfernen, den Strunk entfernen und das Kraut in feine Streifen schneiden. Die Tomaten waschen, Stielansätze entfernen und das Fruchtfleisch achteln. Den Rettich schälen und raspeln. Die Gurke waschen, nach Bedarf schälen und in Scheiben schneiden.

Das Gemüse auf vier Schüsseln verteilen. Blaubeeren und Kichererbsen daraufgeben und alles mit dem Dressing beträufeln.

Tipp: Das Ummanteln der Kichererbsen mit dem Gewürzöl geht besonders gut in einer verschließbaren Aufbewahrungsbox aus Kunststoff. Einfach alles einfüllen, Deckel schließen und Box schütteln.

Nährwerte pro Portion:
405 kcal • 16 g Eiweiß • 34 g Kohlenhydrate • 20 g Fett

BROKKOLISALAT MIT CRANBERRYS

ZUTATEN:

Für das Dressing:

200 g Cashewkerne
3 Knoblauchzehen
2 EL frisch gepresster Zitronensaft
8 TL Currypulver
2 TL Zwiebelpulver
4 TL Agavendicksaft
1 TL Salz
1 TL Pfeffer

Für den Salat:

1,2 kg Brokkoli
2 Zwiebeln
50 g Petersilie
60 g getrocknete Cranberrys
4 EL Sonnenblumenkerne
4 EL Walnüsse

ZUBEREITUNG:

Für das Dressing die Cashewkerne in einer kleinen Schüssel mit kaltem Wasser bedecken und über Nacht einweichen. Am nächsten Tag abgießen.

Den Knoblauch abziehen und grob hacken. Cashewkerne, 150 Milliliter Wasser, Knoblauch, Zitronensaft, Curry- und Zwiebelpulver, Agavendicksaft, Salz und Pfeffer in einen Mixer geben und zu einer Creme verarbeiten. Nach Bedarf mit ein paar Esslöffeln mehr Wasser noch geschmeidiger machen.

Für den Salat den Brokkoli waschen, putzen und in kleine Röschen teilen oder grob mit dem Mixer schreddern. Zwiebeln abziehen und in feine Würfel schneiden. Beides mit dem Dressing vermischen und 1 bis 2 Stunden marinieren lassen.

Die Petersilie waschen, trocken schütteln und fein hacken. Petersilie, Cranberrys, Sonnenblumenkerne und Walnüsse zum Brokkolisalat geben.

Tipp: Der Salat schmeckt anstelle von Brokkoli auch mit Blumenkohl oder Kohlrabi sehr gut.

Nährwerte pro Portion:
549 kcal • 23 g Eiweiß • 42 g Kohlenhydrate • 32 g Fett

VIETNAMESISCHE PHÔ

ZUTATEN:

1 Zwiebel
4 Knoblauchzehen
10 cm Ingwer
225 g Shiitake (Pilze)
4 Sternanis
2 Zimtstangen
2 EL Pfefferkörner
1 TL Nelken
2½ l Wasser
4 Frühlingszwiebeln
250 g Tofu
1 grüne Chili
4 Baby-Pak-Choi
150 g Edamame
2 EL Sesamöl
6 EL Tamari
2 EL Reisessig
150 g Reisnudeln
300 g Mungobohnensprossen

ZUBEREITUNG:

Die Zwiebel abziehen und in Spalten schneiden. Den Knoblauch abziehen und in Scheiben schneiden. Den Ingwer schälen und in Scheiben schneiden. Die Pilze putzen und die Stiele abtrennen. Die Stiele der Pilze in Scheiben schneiden.

Für die Brühe Sternanis, Zimt, Pfefferkörner und Nelken so lange bei mittlerer Hitze in einem großen Topf anschwitzen, bis es zu duften beginnt. Zwiebel, Knoblauch, Ingwer und Pilzstielscheiben dazugeben. 2½ Liter Wasser dazugießen. Den Topfinhalt zum Kochen bringen, die Hitzezufuhr reduzieren und 20 Minuten köcheln lassen.

Währenddessen die Pilzköpfe in Scheiben schneiden. Frühlingszwiebeln waschen, putzen und in Ringe schneiden. Tofu und die grüne Chili in Scheiben schneiden. Vom Pak-Choi die Wurzelenden abschneiden, den Kohl waschen und jeweils vierteln. Edamame schälen.

Das Sesamöl in einer Pfanne erhitzen und den Tofu darin leicht anbraten. Herausnehmen und warm halten.

Nach Ende der Kochzeit den Topfinhalt durch ein Sieb schütten und die Brühe ohne die Gewürze zurück in den Topf geben. Tamari und Reisessig in den Topf geben und weitere 15 Minuten köcheln lassen. Pak-Choi und Edamame dazugeben und ein paar Minuten gar ziehen lassen. Reisnudeln dazugeben und gar ziehen lassen. Zuletzt die Sprossen, den Tofu, die Frühlingszwiebeln, die grüne Chili und die Pilzkopfscheiben in die Suppe geben. Die Suppe abschmecken und sofort servieren.

Tipp: Wer es schärfer mag, würzt mit 1 bis 2 Esslöffel Sriracha (scharfe Chilisauce) oder mit etwas Chiliöl nach.

Nährwerte pro Portion:
367 kcal • 20 g Eiweiß • 48 g Kohlenhydrate • 12 g Fett

ORIENTALISCHER BUCHWEIZEN

ZUTATEN:

Für das Dressing:

3 Bio-Zitronen

2 Knoblauchzehen

80 ml Olivenöl

2 TL gemahlener Kreuzkümmel (Cumin)

1 TL Garam masala (Gewürzmischung)

1 TL Kurkuma

Für das Pilaw:

300 g Buchweizen

1 TL Meersalz

800 g Butternut-Kürbis

1 Stange Lauch

3 EL Olivenöl

1 Dose Kichererbsen (265 g Abtropfgewicht)

1 Bund glatte Petersilie

1 Bund Minze

2 rote Paprikaschoten

50 g Rosinen

ZUBEREITUNG:

Für das Dressing die Zitronen heiß waschen. Von 1 Zitrone die Schale fein abreiben, ohne dass die weiße Haut mitentfernt wird. Aus allen Zitronen den Saft auspressen. Den Knoblauch abziehen und fein reiben. Zitronenabrieb, Zitronensaft, Knoblauch, Olivenöl, Kreuzkümmel, Garam masala und Kurkuma miteinander vermischen.

Für das Pilaw den Buchweizen in einen großen Topf mit der doppelten Menge Wasser (600 Milliliter) geben, salzen, aufkochen, die Hitzezufuhr reduzieren und den Buchweizen bei mittlerer Hitze in 15 bis 20 Minuten bissfest kochen.

Den Backofen auf 180 °C (Umluft 160 °C, Gas Stufe 2–3) vorheizen. Ein Backblech mit Backpapier auslegen.

Den Kürbis schälen, entkernen und würfeln. Den Lauch putzen, waschen und in Ringe schneiden. Beides mit 2 Esslöffel Olivenöl und etwas Salz mischen. Die Mischung auf das Backblech geben und 20 Minuten im Backofen garen.

Den bissfest gekochten Buchweizen in eine Schüssel geben und die Hälfte des Dressings untermischen.

Die Kichererbsen abtropfen lassen. Petersilie und Minze waschen, trocken schütteln und fein hacken. Paprikaschoten waschen, putzen und in Stifte schneiden. Kichererbsen, Kräuter, Paprikastifte und Rosinen zum Buchweizen geben und untermischen. Die fertige Kürbis-Lauch-Mischung aus dem Backofen nehmen und ebenso unter den Buchweizen mischen. Mit dem restlichen Dressing beträufeln.

Nährwerte pro Portion:
772 kcal • 16 g Eiweiß • 96 g Kohlenhydrate • 33 g Fett

AMARANTH-TABOULÉ

ZUTATEN:

200 g Amaranth
400 g Tomaten
1 Bund Frühlingszwiebeln
2 Bund glatte Petersilie
1 Bund Minze
80 ml Zitronensaft
5 EL Olivenöl
1 TL Salz
1 TL Pfeffer
½ TL gemahlener Zimt

ZUBEREITUNG:

Amaranth in einem Sieb unter fließendem warmem Wasser waschen und abtropfen lassen. In einen Topf geben und bei schwacher Hitze kurz unter Rühren anrösten, bis die Kügelchen beginnen aufzupoppen. 400 Milliliter Wasser aufgießen und zum Kochen bringen. Die Hitzezufuhr reduzieren und zugedeckt 15 bis 20 Minuten köcheln lassen, bis das Wasser fast komplett aufgesogen wurde. Vom Herd nehmen und 5 Minuten stehen lassen. Amaranth abkühlen lassen.

Währenddessen die Tomaten waschen, Stielansatz und Kerne entfernen und das Fruchtfleisch in Würfel schneiden. Die Frühlingszwiebeln waschen, putzen und in Ringe schneiden. Petersilie und Minze waschen, trocken schütteln und fein hacken.

Amaranth, Tomaten und Frühlingszwiebeln mit den Kräutern vermischen. Zitronensaft und Olivenöl unterrühren. Mit Salz, Pfeffer und Zimt würzen.

Nährwerte pro Portion:
370 kcal • 9 g Eiweiß • 39 g Kohlenhydrate • 20 g Fett

FREI

VON ...

REZEPTE OHNE GLUTEN UND OHNE LAKTOSE

SOBANUDELN MIT ERDNÜSSEN UND TEMPEH

ZUTATEN:

200 g Sobanudeln (japanische Nudeln aus Buchweizen)
1 Bund Frühlingszwiebeln
½ rote Paprikaschote
1 Bund Koriandergrün
2 Baby-Pak-Choi
4 EL Erdnüsse

Für die Sauce:

800 g Tempeh (fermentiertes Sojaprodukt)
1 TL Salz
1 TL Pfeffer
1 Chilischote
2 EL Rapsöl
4 EL Tamari
4 EL Reisessig

ZUBEREITUNG:

Wasser in einem großen Topf zum Kochen bringen. Die Sobanudeln hineingeben, einmal aufkochen und umrühren, die Hitzezufuhr reduzieren und die Nudeln in rund 4 Minuten garen. Abgießen und unter kaltem Wasser abschrecken.

Für die Sauce Tempeh mit Salz und Pfeffer würzen. Die Chilischote waschen, Stielansatz entfernen und das Fruchtfleisch in dünne Streifen schneiden. Öl in einer Pfanne erhitzen und das Tempeh darin mit den Chilistreifen 3 Minuten braten. Tamari und Reisessig dazugeben und 30 Sekunden mitköcheln lassen.

Die Frühlingswiebeln waschen, putzen und in lange Stücke schneiden. Die Paprikaschote waschen, putzen und in Stifte schneiden. Das Koriandergrün waschen, trocken schütteln und fein hacken. Vom Pak-Choi die Wurzelenden abschneiden, den Kohl waschen und die Blätter vereinzeln. Erdnüsse schälen und fein hacken.

Alle vorbereiteten Zutaten mit den gekochten Nudeln zur Sauce geben und durchschwenken.

Tipp: Wem Tempeh als Eiweißquelle allein nicht reicht, kann dazu noch Tofu frittieren oder Hähnchenbrust anbraten.

Nährwerte pro Portion:
618 kcal • 37 g Eiweiß • 57 g Kohlenhydrate • 37 g Fett

SOMMERROLLEN MIT ERDNUSSDIP

ZUTATEN:

Für die Rollen:

100 g Reisnudeln
100 g frische Sojabohnenkeimlinge
200 g schnittfester Tofu
2 EL Sesamöl
2 kleine Pak-Choi
3 Frühlingszwiebeln
10 Blättchen Thaibasilikum
10 Stängel Koriandergrün
10 Blätter Reispapier

Für den Dip:

100 g Erdnussbutter
4 EL Reisessig
3 EL Tamari
1 EL Agavendicksaft
1 EL Sriracha (Chilisauce)
1 TL Sesamöl
½ TL Salz

Außerdem:

1 Küchentuch

ZUBEREITUNG:

Für die Sommerrollen die Reisnudeln mit 500 Milliliter heißem Wasser übergießen, 5 Minuten ziehen lassen und abgießen. Die Sojabohnenkeimlinge waschen, kurz mit kochendem Wasser übergießen und abtropfen lassen.

Den Tofu in 10 Streifen schneiden. Sesamöl in einer Pfanne erhitzen und die Tofustreifen darin von beiden Seiten kross anbraten.

Vom Pak-Choi die Wurzelenden abschneiden, den Kohl waschen und die Blätter vereinzeln. Die Frühlingszwiebeln waschen, putzen und in Ringe schneiden. Thaibasilikum und Koriandergrün waschen und trocken schütteln.

Ein Küchentuch nass machen und wieder ausdrücken. In ein breites Gefäß mit einem etwas größeren Durchmesser als der des Reispapiers etwas Wasser einfüllen. Die Reispapierblätter nacheinander einzeln kurz einweichen und auf das feuchte Küchentuch legen.

Im unteren Drittel eines jeden Reisblatts – zu den Rändern etwa 5 Zentimeter Platz lassen – 1 Pak-Choi-Blatt auslegen. Die anderen Zutaten der Füllung darauf platzieren, dabei mit Basilikum und Koriandergrün abschließen. Die Seitenränder über die Füllung klappen und die Reisblätter unter leichtem Druck zusammenrollen. Mit den restlichen Zutaten wiederholen.

Für den Dip alle Zutaten mit 100 Milliliter Wasser in einem Mixer oder mit einem Stabmixer verrühren. Den Dip zu den gefüllten Röllchen reichen.

Nährwerte pro Portion:
519 kcal • 16 g Eiweiß • 61 g Kohlenhydrate • 23 g Fett

REISSALAT MIT ROTER BETE

ZUTATEN:

350 g grüne Bohnen
500 g Rote Bete (vorgekocht)
1 Bund Frühlingszwiebeln
300 g roter Reis
1 Orange
1 Grapefruit
2 Limetten
2 Schalotten
1 Bund Koriandergrün
1 TL Senf
1 EL Agavendicksaft
½ TL Salz
1 TL Pfeffer
4 EL Olivenöl

ZUBEREITUNG:

Die grünen Bohnen waschen, die Enden abschneiden, nach Bedarf die Fäden an der Naht abziehen und die Bohnen halbieren. Salzwasser in einem Topf zum Kochen bringen und die Bohnen 15 bis 20 Minuten darin bissfest kochen. Mit einer Schaumkelle abschöpfen und kalt abschrecken, damit sie ihre Farbe behalten.

Währenddessen die Rote Bete in feine Scheiben schneiden. Die Frühlingszwiebeln waschen, putzen und in Ringe schneiden.

Den Reis in das Kochwasser der Bohnen geben und zugedeckt bei schwacher Hitze 25 bis 30 Minuten köcheln lassen, bis er bissfest ist. Den Reis abgießen und in einem Sieb auffangen.

Währenddessen Orange und Grapefruit filetieren. Dazu die Früchte heiß waschen, die Schale samt weißer Haut abschneiden und die einzelnen Fruchtfilets über einer kleinen Schüssel zwischen den Trennhäuten herausschneiden. Den austretenden Saft auffangen.

Für das Dressing den Saft der Limetten auspressen und mit dem aufgefangenen Orangen-Grapefruit-Saft vermischen. Schalotten abziehen und sehr fein würfeln. Koriandergrün waschen, trocken schütteln und die Blätter hacken. Zitrussaft, Schalottenwürfel, Koriandergrün, Senf, Agavendicksaft, Salz und Pfeffer vermischen und das Olivenöl unter Rühren unterarbeiten.

Reis, Rote Bete, Frühlingszwiebeln, Bohnen und Zitrusfilets mit dem Dressing vermischen.

Tipp: Beim Schneiden von Rote Bete Einmalhandschuhe tragen, denn das Gemüse färbt ab.

Nährwerte pro Portion:
550 kcal • 11 g Eiweiß • 94 g Kohlenhydrate • 13 g Fett

GEBACKENER KÜRBIS MIT PESTO-GEMÜSE UND KÜRBISKERNEN

ZUTATEN:

Für den Kürbis:

1 Kürbis (Hokkaido oder Butternut)

2 EL Olivenöl

1 TL Salz

1 TL Pfeffer

2 Zweige Rosmarin

Für das Pesto-Gemüse:

1 Zitrone

150 g Cherrytomaten

200 g Baby-Spinat

4 Knoblauchzehen

4 cm Ingwer

60 ml Olivenöl

1 TL Kreuzkümmel (Cumin)

1 TL edelsüßes Paprikapulver

Außerdem:

4 TL Kürbiskerne

ZUBEREITUNG:

Den Backofen auf 170 °C (Umluft 150 °C, Gas Stufe 2) vorheizen. Ein Backblech mit Backpapier auslegen. Kürbis schälen, entkernen und in Spalten schneiden. Mit Olivenöl, Salz, Pfeffer und Rosmarin mischen und im Backofen in rund 20 Minuten backen, bis er weich ist.

Die Zitrone heiß waschen und die Schale fein abreiben, ohne dass die weiße Haut mitentfernt wird. Die Zitrone filetieren. Dazu die einzelnen Fruchtfilets über einer kleinen Schüssel zwischen den Trennhäuten herausschneiden, den austretenden Saft auffangen und die Kerne entfernen. Cherrytomaten waschen, Stielansätze entfernen und das Fruchtfleisch halbieren. Den Spinat waschen und abtropfen lassen.

Den Knoblauch abziehen. Den Ingwer schälen und grob hacken. Beides mit einem großzügigen Schuss Wasser mit einem Stabmixer zu einer Paste verarbeiten. Das Olivenöl in einer Pfanne bei schwacher Hitze erwärmen. Knoblauch-Ingwer-Paste dazugeben und für 1 Minute unter Rühren erhitzen. Kreuzkümmel und Paprikapulver hinzufügen und 20 Sekunden mitbraten.

Den Spinat in dem Öl-Mix schwenken. Zitronenfilets und Tomatenviertel – und nach Wunsch auch den aufgefangenen Zitronensaft – unter den Spinat mischen.

Kürbiskerne separat in einer kleinen Pfanne ohne Fett anrösten. Die gebackenen Kürbisspalten mit den Kürbiskernen garnieren und zum Gemüse reichen.

Tipp: Besonders herzhaft wird das Gericht, wenn man geräuchertes Paprikapulver anstelle von edelsüßem Paprikapulver verwendet.

Nährwerte pro Portion:
326 kcal • 7 g Eiweiß • 19 g Kohlenhydrate • 25 g Fett

SÜSSKARTOFFEL-CURRY-EINTOPF

ZUTATEN:

2 Zwiebeln
1 grüne Paprikaschote
2 Süßkartoffeln
2 EL Rapsöl
1 EL Currypulver
1 EL Kreuzkümmel (Cumin)
½ TL Salz
1 l glutenfreie Gemüsebrühe
1 Dose Kichererbsen (265 g Abtropfgewicht)
200 ml Kokosmilch
½ TL Pfeffer
5 Zweige Koriandergrün

ZUBEREITUNG:

Die Zwiebeln abziehen und in feine Ringe schneiden. Die Paprikaschote waschen, putzen und grob würfeln. Die Süßkartoffeln waschen, schälen und in etwa 2 Zentimeter große Stücke schneiden.

Das Rapsöl in einem großen Topf erhitzen und Zwiebeln und Paprika darin bei mittlerer Hitze in etwa 10 Minuten bissfest garen. Mit Currypulver, Kreuzkümmel und Salz würzen.

Gemüsebrühe und Süßkartoffelwürfel zufügen und erneut aufkochen. Die Hitzezufuhr reduzieren und alles zugedeckt rund 15 Minuten köcheln lassen, bis die Süßkartoffeln weich geworden sind.

Ein paar Stücke Süßkartoffeln entnehmen, mit einer Gabel zerdrücken und das Püree zurück in den Topf geben. Erneut aufkochen lassen, die Hitzezufuhr reduzieren und den Eintopf etwa 5 Minuten köcheln lassen – so wird er angenehm sämig.

Die Kichererbsen abtropfen lassen. Kokosmilch und Kichererbsen zum Eintopf geben und einige Minuten heiß werden lassen. Erst zuletzt mit Pfeffer würzen. Koriandergrün waschen, trocken schütteln, grob zupfen und zum Eintopf geben.

Nährwerte pro Portion:
426 kcal • 10 g Eiweiß • 27 g Kohlenhydrate • 20 g Fett

VEGANE FRITTATA

ZUTATEN:

150 g brauner Reis (Vollkornreis)
4 EL geschrotete Leinsamen
1 Zwiebel
1 Bund Frühlingszwiebeln
1 gelbe Paprikaschote
100 g Baby-Spinat
100 g Grünkohl
3 Pilze
1 Bund Basilikum
3 EL Rapsöl
4 Knoblauchzehen
200 g Tofu
2 TL Senf
½ TL Kurkuma
2 EL Tamari
3 EL Hefeflocken
150 ml Mandelmilch
2 TL Pfleilwurzelstärke
1 EL Rapsöl

Außerdem:
Rapsöl für die Form
1 Springform (18–20 cm Ø)

ZUBEREITUNG:

Den Reis kalt abspülen. Mit 300 Milliliter Wasser in einen Topf geben, salzen, aufkochen und bei schwacher Hitze in etwa 40 Minuten garen. Die Leinsamen mit 6 Esslöffel Wasser vermengen, 10 Minuten quellen lassen und unter den Reis mischen.

Den Backofen auf 190 °C (Umluft 170 °C, Gas Stufe 2) vorheizen. Eine Springform leicht einfetten. Die Reis-Leinsamen-Mischung in die Springform drücken, mit Öl bepinseln und 10 Minuten backen. Herausnehmen. Die Temperatur des Backofens auf 175 °C (Umluft 155 °C, Gas Stufe 2–3) stellen.

Die Zwiebel abziehen und fein würfeln. Das restliche Gemüse waschen und putzen. Von den Frühlingszwiebeln die grünen und weißen Teile getrennt voneinander in Ringe schneiden. Paprikaschote in Würfel schneiden. Spinat und Grünkohl klein schneiden. Pilze putzen und würfeln. Basilikum waschen und die Blätter abzupfen.

Öl erhitzen und die Zwiebelwürfel und die weißen Teil der Frühlingszwiebeln darin weich dünsten. Knoblauch abziehen und dazupressen. Paprika- und Pilzwürfel dazugeben und 10 Minuten dünsten. Bei schwacher Hitze nach und nach Spinat, Grünkohl, Basilikumblätter und das Grüne der Frühlingszwiebel dazugeben und zusammenfallen lassen. Alles bei schwacher Hitze warm halten.

Tofu mit Senf, Kurkuma, Tamari, Hefeflocken, Mandelmilch, Pfeilwurzelstärke und Rapsöl in einem Mixer zu einer glatten Masse vermischen. Unter das Gemüse in der Pfanne mischen.

Den Pfanneninhalt auf dem gebackenen Reisboden verteilen. Die Frittata im Backofen 40 bis 50 Minuten backen. Sollte sie zu viel Farbe bekommen, am Ende mit Alufolie abdecken. Aus dem Backofen nehmen und abkühlen lassen, bevor der Ring abgenommen wird.

Nährwerte pro Portion:
423 kcal • 16 g Eiweiß • 42 g Kohlenhydrate • 21 g Fett

BUCHWEIZENCURRY MIT ERDNÜSSEN

ZUTATEN:

150 g Buchweizen
200 g Spinat
1 Bund Frühlingszwiebeln
50 g ungesalzene Erdnüsse
400 ml Kokosmilch
2 TL Currypulver
1 TL Kurkuma
1 TL Chilipulver
½ Zitrone
½ TL Salz
2 TL Agavendicksaft

ZUBEREITUNG:

Den Buchweizen in einen Topf mit der doppelten Menge Wasser (300 Milliliter) geben, aufkochen, die Hitzezufuhr reduzieren und bei mittlerer Hitze in 15 bis 20 Minuten bissfest kochen.

Währenddessen den Spinat waschen, abtropfen lassen, von den groben Stielen befreien und in mundgerechte Stücke zupfen. Die Frühlingszwiebeln waschen, putzen und die grünen und weißen Teile getrennt voneinander in Ringe schneiden.

Die Erdnüsse in eine Pfanne ohne Fett geben und kurz anrösten. Die weißen Teile der Frühlingszwiebeln zu den Erdnüssen geben. Die Kokosmilch zugießen und mit Currypulver, Kurkuma und Chilipulver würzen. Das Ganze aufkochen und ein paar Minuten köcheln lassen. Den Zitronensaft auspressen. Den Pfanneninhalt mit Zitronensaft, Salz und Agavendicksaft würzen.

Zum Schluss den Spinat hinzugeben. Noch einmal kurz aufkochen und den Buchweizen einrühren. Wer möchte, kann das Ganze noch mit dem Grün der Frühlingszwiebeln bestreuen.

Tipp: Das Curry schmeckt anstelle von Spinat auch mit jedem anderen grünen Blattgemüse.

Nährwerte pro Portion:
440 kcal • 12 g Eiweiß • 36 g Kohlenhydrate • 28 g Fett

BLUMENKOHL-COUSCOUS

ZUTATEN:

1 Kopf Blumenkohl
75 g ungeschälte Mandeln
1 Bund Koriandergrün
1 Bund glatte Petersilie
100 g schwarze Oliven ohne Stein
100 g eingelegte Pilze
2 Limetten
4 EL Olivenöl
1 TL Chiliflocken
1 TL Salz

ZUBEREITUNG:

Den Blumenkohl putzen, waschen, grob zerteilen und in einem Mixer auf Couscousgröße zerkleinern. Wasser mit Salz aufkochen und den Blumenkohl darin 1 Minute blanchieren, ganz kurz kalt abschrecken, abtropfen lassen und in eine große Schüssel geben.

Die Mandeln fein hacken. Koriandergrün und Petersilie waschen, trocken schütteln und fein hacken. Oliven hacken. Die Pilze abtropfen lassen und klein schneiden. Die Limetten auspressen und den Saft mit Öl, Chiliflocken und Salz mischen. Alles unter den Blumenkohl mischen.

Nährwerte pro Portion:
393 kcal • 12 g Eiweiß • 13 g Kohlenhydrate • 31 g Fett

GLASNUDEL-GURKEN-SALAT

ZUTATEN:

400 g Glasnudeln
200 g Räuchertofu
3 Salatgurken
1 Karotte
1 Bund Minze
1 Bund Koriandergrün
5 cm Ingwer
2 Bio-Limetten
200 ml Tamari
2 EL Sriracha (Chilisauce)
5 EL Sesam

ZUBEREITUNG:

Glasnudeln mit kochendem Wasser überbrühen, 2 Minuten gar ziehen lassen, abseihen und in eine Schüssel geben. Tofu würfeln. Gurken waschen, Karotte waschen und schälen, beides mit einem Spiralschneider in Nudelform schneiden und unter die Nudeln mischen. Minze und Koriandergrün waschen, fein hacken und dazugeben.

Ingwer schälen und reiben. Limetten heiß waschen und von einer Limette die Schale fein abreiben. Beide Limetten zu Saft auspressen. Ingwer, Limettenschale, Limettensaft, Tamari und Sriracha unter den Salat mischen. Sesam ohne Fett anrösten und zum Salat geben.

Nährwerte pro Portion:
640 kcal • 18 g Eiweiß • 107 g Kohlenhydrate • 15 g Fett

HIRSEPFANNE

ZUTATEN:

300 g Hirse
1 l glutenfreie Gemüsebrühe
500 g Karotten
1 Stange Lauch
1 Kopf Brokkoli
100 g Walnüsse
1 Bund Petersilie
1 Bio-Zitrone
3 EL Olivenöl
1 TL Salz
1 TL Pfeffer

ZUBEREITUNG:

Die Hirse und die Gemüsebrühe in einen Topf geben und zum Kochen bringen. Die Hitzezufuhr reduzieren und die Hirse bei schwacher Hitze in 25 bis 30 Minuten gar kochen. Kurz abschrecken und beiseitestellen.

Das Gemüse waschen und putzen. Die Karotten schälen und in Scheiben schneiden. Den Lauch in Scheiben schneiden. Den Brokkoli in Röschen zerteilen. Die Walnüsse grob hacken. Die Petersilie waschen, trocken schütteln und fein hacken. Die Zitrone heiß waschen und die Schale fein abreiben, ohne dass die weiße Haut mitentfernt wird. Den Saft auspressen.

Das Olivenöl in einer Pfanne erhitzen und das Gemüse darin andünsten. Die Hirse dazugeben und unterrühren. Mit Zitronenschalenabrieb, Zitronensaft, Salz und Pfeffer würzen. Walnüsse und Petersilie untermischen.

Nährwerte pro Portion:
613 kcal • 18 g Eiweiß • 70 g Kohlenhydrate • 28 g Fett

SCHLE

MMER-
GERICHTE

MAHLZEITEN FÜR DEN CHEATDAY

SÜSSKARTOFFEL-FRITTEN MIT AVOCADO-MAYO

ZUTATEN:

Für die Fritten:
800 g Süßkartoffeln
4 EL Olivenöl
1 TL Salz
1 TL Pfeffer

Für die Mayonnaise:
1 Bio-Zitrone
2 reife Avocados
120 g Mayonnaise

ZUBEREITUNG:

Den Backofen auf 200 °C (Umluft 180 °C, Gas Stufe 3–4) vorheizen. Ein Backblech mit Backpapier auslegen.

Die Süßkartoffeln waschen, schälen, in breite Stifte schneiden und auf das Backblech legen. Mit Olivenöl, Salz und Pfeffer würzen. Das Backblech in den heißen Backofen schieben und die Süßkartoffelspalten zunächst 10 Minuten backen. Einmal wenden und in weiteren 10 Minuten goldbraun backen.

Währenddessen für die Mayonnaise die Zitrone heiß waschen und die Schale fein abreiben, ohne dass die weiße Haut mitentfernt wird. Den Saft auspressen. Avocados halbieren, Kerne entfernen, das Fruchtfleisch aus der Schale löffeln und in einen Mixer geben. Zitronenschalenabrieb, Zitronensaft und Mayonnaise dazugeben und alles zu einer Creme rühren. Zu den Süßkartoffel-Fritten servieren.

Tipp: Wer mag, streut körniges Salz über die fertigen Pommes frites und garniert das Ganze mit Petersilie.

Nährwerte pro Portion:
712 kcal • 7 g Eiweiß • 14 g Kohlenhydrate • 54 g Fett

ZUCCHINI-MINZ-PIZZA

ZUTATEN:

Für den Teig:
375 g Mehl
75 ml Milch
½ Würfel Hefe
1½ TL Kräutersalz
1 EL Olivenöl

Für den Belag:
3 Kugeln Mozzarella
2 Zucchini
10 EL Crème fraîche
1 Bund Minze

ZUBEREITUNG:

Für den Teig das Mehl in eine Schüssel sieben und in die Mitte eine Mulde drücken. Die Milch in einem kleinen Topf erwärmen. Hefe in die lauwarme Milch geben, glatt rühren und in die Mehlmulde in der Schüssel gießen. Das ganze Mehl mit einer Gabel von innen her nach und nach mit der Hefemilch verrühren und dann mit den Händen zu einem Teig verkneten. Den Teig mit einem Geschirrtuch abdecken und 15 Minuten gehen lassen.

Den Backofen auf 50 °C vorheizen. Das Kräutersalz in den Teig kneten und den Teig für weitere 15 Minuten abgedeckt im Backofen gehen lassen. Ein Backblech mit Olivenöl bestreichen. Den Teig noch einmal gut durchkneten und mit einem Nudelholz auf dem Backblech ausrollen.

Währenddessen für den Belag den Mozzarella für 10 Minuten ins Gefrierfach legen – so lässt er sich besser in Scheiben schneiden, ohne zu zerbröseln.

Die Zucchini waschen, putzen und in Scheiben schneiden. Crème fraîche auf dem Pizzaboden verstreichen. Mozzarella in dünne Scheiben schneiden. Zucchini- und Mozzarellascheiben auf dem Pizzaboden verteilen. Das Backblech in den Backofen geben und die Pizza in 15 bis 20 Minuten backen, bis der Käse zerlaufen und der Teig knusprig ist.

Währenddessen die Minze waschen, trocken schütteln, die Blätter abzupfen und grob hacken. Die Pizza mit der Minze belegen.

Nährwerte pro Portion:
746 kcal • 33 g Eiweiß • 74 g Kohlenhydrate • 35 g Fett

THAILÄNDISCHER THUNFISCH-EI-BURGER

ZUTATEN:

1 rote Paprikaschote
100 g Wasserkastanien (aus der Dose)
4 Frühlingszwiebeln
½ Gemüsezwiebel
8 Blatt Kopfsalat
4 Dosen Thunfisch im eigenen Saft (à 150 g Abtropfgewicht)
2 EL Paniermehl
100 g Mayonnaise
1 EL grüne Currypaste
6 Eier
2 EL Rapsöl
4 Burger-Brötchen
4 EL Sriracha (Chilisauce)

ZUBEREITUNG:

Die Paprikaschote waschen, putzen und in kleine Würfel schneiden. Die Wasserkastanien abtropfen lassen und in kleine Stücke schneiden. Die Frühlingszwiebeln waschen, putzen und in Ringe schneiden. Die Gemüsezwiebel abziehen und in Scheiben schneiden. Den Salat waschen und abtropfen lassen.

Den Thunfisch abtropfen lassen. Thunfisch, Paniermehl, die Hälfte der Mayonnaise und die Wasserkastanien in einer Schüssel miteinander vermischen. Frühlingszwiebeln, Currypaste und 2 Eier dazugeben. Alles vermengen und daraus vier Frikadellen formen. 1 Esslöffel Öl in einer Pfanne erhitzen und die Burger darin von jeder Seite 3 Minuten braten. Gemüsezwiebelscheiben in die Pfanne geben und etwa 1 Minute mitbraten.

In einer zweiten Pfanne 1 Esslöffel Öl erhitzen und die restlichen 4 Eier darin mit Abstand zueinander einseitig zu Spiegeleiern ausbraten.

Die Brötchen halbieren und in einem Toaster leicht anrösten. Den Rest der Mayonnaise nach Gusto mit etwas Chilisauce vermengen.

Die unteren Hälften der Burgerbrötchen mit Salat, Zwiebelscheiben, Frikadelle und Ei belegen und je nach Geschmack mit der Sauce nachwürzen.

Info: Das Toasten der Burger kann auch im vorgeheizten Backofen bei 200 °C (Umluft 180 °C, Gas Stufe 3–4) erfolgen. Die Brötchenhälften dazu nur wenige Minuten hineingeben, bis die Oberflächen kross geworden sind.

Nährwerte pro Portion:
694 kcal • 28 g Eiweiß • 47 g Kohlenhydrate • 42 g Fett

GRÜNKERNBRATLINGE MIT SCHMANDDRESSING

ZUTATEN:

1 kg festkochende Kartoffeln

Für die Bratlinge:

120 g Grünkern

½ l Gemüsebrühe

1 Lorbeerblatt

1 Zwiebel

1 kleine Karotte

40 g gehackte Walnüsse

1 Ei

5 EL Vollkornbrösel

50 g geriebener Käse

1 TL Majoran

2 EL gehackte Petersilie

Kräutersalz

weißer Pfeffer

3 EL Rapsöl

Für das Dressing:

5 EL Schmand

3 EL Magerquark

Salz

Pfeffer

2 EL Essig

1 TL Senf

3 EL gehackte Petersilie

3 EL gehackter Dill

ZUBEREITUNG:

Für die Bratlinge den Grünkern grob schroten. Die Gemüsebrühe aufkochen und das Lorbeerblatt sowie den Grünkernschrot dazugeben. Zum Kochen bringen, die Hitzezufuhr reduzieren und den Grünkern bei schwacher Hitze in rund 40 Minuten ausquellen lassen. Vom Herd nehmen und abkühlen lassen.

Die Kartoffeln waschen, schälen und 15 bis 20 Minuten in leicht gesalzenem Wasser gar kochen.

Währenddessen für die Bratlinge die Zwiebel abziehen und fein würfeln. Die Karotte raspeln und die Walnüsse hacken. Beides zum ausgequollenen Grünkern geben. Ei, Vollkornbrösel, Käse, Majoran und Petersilie zufügen. Mit Kräutersalz und Pfeffer würzen. Aus dem Teig kleine Bratlinge formen. Öl in einer Pfanne erhitzen und die Bratlinge darin knusprig braten.

Für das Dressing alle Zutaten miteinander verrühren und nach Bedarf mit 2 Esslöffel Wasser noch etwas geschmeidiger machen. Zusammen mit den Bratlingen und den Kartoffeln servieren.

Nährwerte pro Portion:
642 kcal • 22 g Eiweiß • 75 g Kohlenhydrate • 26 g Fett

TACO-BAGUETTE

ZUTATEN:

1 französisches Weißbrot
125 g rote Zwiebeln
2 Frühlingszwiebeln
300 g stückige Tomaten (Dose)
1 weiße Zwiebel
3 Chilischoten
500 g gemischtes Hackfleisch
1 TL Kreuzkümmel (Cumin)
½ TL Korianderpulver
1 TL rosenscharfes Paprikapulver
½ TL Oregano
¼ TL Salz
½ TL Pfeffer
300 g geriebener Emmentaler
1 Avocado

ZUBEREITUNG:

Den Backofen auf 180 °C (Umluft 160 °C, Gas Stufe 2–3) vorheizen. Ein Backblech mit Backpapier auslegen.

Das Weißbrot längs halbieren, auf das Backblech legen und im Backofen 5 Minuten rösten. Herausnehmen und auf dem Backblech lassen.

Die roten Zwiebeln abziehen und in Ringe schneiden. Die Frühlingszwiebeln waschen, putzen und in Ringe schneiden. Die Tomaten abtropfen lassen.

Die weiße Zwiebel abziehen und fein würfeln. Chilischoten waschen, putzen und hacken. Eine beschichtete Pfanne ohne Fett erhitzen und das Hackfleisch mit den Zwiebelwürfeln und den Chilistücken darin braten. Mit Kreuzkümmel, Koriander, Paprikapulver, Oregano, Salz und Pfeffer würzen und gut durchmischen.

Die abgetropften Tomaten auf das geröstete Baguette streichen. Das Hackfleisch darauf verteilen. Rote Zwiebelringe und Frühlingszwiebelringe daraufgeben. Mit Käse bestreuen. Die belegten Brote erneut in den Backofen geben und 15 Minuten backen, bis der Käse geschmolzen ist.

Währenddessen die Avocado halbieren, Kern entfernen, das Fruchtfleisch schälen und würfeln. Avocadowürfel auf die heißen Brote legen, diese 5 Minuten abkühlen lassen und in Stücke schneiden.

Nährwerte pro Portion:
880 kcal • 53 g Eiweiß • 43 g Kohlenhydrate • 54 g Fett

PUTENHACK-BURGER MIT FLÜSSIGEM GOUDA

ZUTATEN:

1 Zwiebel
1 Knoblauchzehe
1 TL Butter
150 g Ketchup
50 ml Geflügelfond
1 EL Worcestershire-Sauce
1 TL Thymian
500 g Hackfleisch von der Pute
1 Ei
50 g Paniermehl
75 g geriebener Gouda
2 EL Rapsöl
4 Burger-Brötchen

ZUBEREITUNG:

Zwiebel und Knoblauch abziehen und fein würfeln. Butter in einer Pfanne erhitzen und die Zwiebel- und Knoblauchwürfel darin bei schwacher Hitze 5 Minuten anschwitzen, bis sie glasig sind. Ketchup, Geflügelfond, Worcestershire-Sauce und Thymian zufügen. 10 Minuten köcheln lassen, um die Flüssigkeit zu reduzieren. Die Zwiebelmischung vom Herd nehmen und abkühlen lassen.

Hackfleisch, Ei, Paniermehl und die Hälfte der Zwiebelmischung miteinander verrühren. Aus dem Fleischteig vier Kugeln formen und jeweils eine Mulde in die Mitte drücken. Je ein Viertel des Käses hineingeben, den Fleischteig wieder zudrücken und zu flachen Frikadellen formen. Rapsöl in einer Pfanne auf mittlerer Hitze erwärmen und die gefüllten Frikadellen von jeder Seite 5 Minuten braten.

Die Brötchen halbieren und auf die unteren Hälften je eine Frikadelle legen. Die restliche Zwiebelmischung daraufgeben und mit der oberen Brötchenhälfte bedecken.

Tipp: Wer kein frisches Putenhackfleisch bekommt, kann das Fleisch am Stück kaufen und entweder durch einen Fleischwolf drehen oder mit einem scharfen Messer sehr fein schneiden.

Nährwerte pro Portion:
525 kcal • 44 g Eiweiß • 45 g Kohlenhydrate • 18 g Fett

PASTA MIT HACKFLEISCH-ROTWEIN-SAUCE

ZUTATEN:

1 Stange Sellerie
1 Karotte
1 Zwiebel
150 g Truthahnbrust
2 Knoblauchzehen
2 EL Olivenöl
500 g Hackfleisch vom Rind
200 ml Rotwein
200 ml Hühnerbrühe
2 Dosen stückige Tomaten (à 400 g Abtropfgewicht)
500 g Penne
50 g Parmesan
2 Stängel Basilikumblätter

ZUBEREITUNG:

Den Sellerie waschen, putzen und klein schneiden. Die Karotte schälen, putzen und klein würfeln. Die Zwiebel abziehen und fein würfeln. Die Truthahnbrust kurz kalt abspülen, trocken tupfen und in kleine Würfel schneiden. Den Knoblauch abziehen und fein würfeln.

Das Olivenöl in einem großen Topf bei mittlerer Hitze erwärmen und Knoblauch und Rinderhack darin so lange braten, bis das Fleisch von allen Seiten schön braun ist. Das dauert rund 5 Minuten.

Die Zwiebelwürfel zum Hackfleisch geben und kurz mitanbraten. Gemüse- und Truthahnwürfel dazugeben und rund 10 Minute erhitzen, bis das Geflügel leicht gebräunt und das Gemüse zart ist. Rotwein angießen und alles weitere 10 Minuten kochen lassen, bis der Wein reduziert ist. Die Sauce bekommt dadurch ein kräftiges Aroma.

Die Hühnerbrühe und die Dosentomaten mit ihrem Saft hinzufügen und den Topfinhalt offen bei geringer bis mittlerer Hitze 30 Minuten köcheln lassen. Dabei öfter mal umrühren, damit nichts anbrennt oder anklebt.

Für die Nudeln Wasser in einen großen Topf füllen, salzen und zum Kochen bringen. Die Penne ins kochende Wasser geben und nach Packungsangabe al dente kochen.

Währenddessen den Parmesan feinhobeln. Die Nudeln abgießen, abtropfen lassen und auf tiefe Teller geben. Die Sauce darübergießen und mit Parmesanflocken garnieren. Basilikum waschen, trocken schütteln, die Blättchen abzupfen und über das Gericht geben.

Nährwerte pro Portion:
965 kcal • 57 g Eiweiß • 96 g Kohlenhydrate • 34 g Fett

KÄSESPÄTZLE

ZUTATEN:

Für den Teig:
500 g Mehl
5 Eier
Salz

Für die Zwiebelringe:
500 g Zwiebeln
100 g Butter

Für die Würzung:
200 g geriebener Käse
1 TL Pfeffer
1 TL edelsüßes Paprikapulver
ein paar Stängel Schnittlauch

Außerdem:
1 Auflaufform (25 x 16 cm)
Butter für die Form
Spätzlepresse

ZUBEREITUNG:

Mehl, Eier, 1 Teelöffel Salz und 250 Milliliter Wasser in eine Schüssel geben und mit einem Holzlöffel zu einem glatten Teig rühren. Abdecken und etwa 30 Minuten quellen lassen.

Währenddessen die Zwiebeln abziehen und in Ringe schneiden. Die Butter in einem breiten Topf schmelzen und die Zwiebelringe darin goldbraun rösten.

Backofen auf 175 °C (Umluft 155 °C, Gas Stufe 2–3) vorheizen. Eine Auflaufform mit Butter fetten. Eine Schüssel mit kaltem Wasser neben dem Herd bereitstellen. Ein Sieb in die Spüle stellen.

Wasser in einem großen Topf zum Kochen bringen und 2 Teelöffel Salz dazugeben. Eine Spätzlepresse mit Teig befüllen und diesen in das kochende Wasser drücken. Sobald die Spätzle oben schwimmen, mit einem Schaumlöffel herausfischen, in der Schüssel mit kaltem Wasser abschrecken und in das Sieb geben. Das Ganze so lange wiederholen, bis der ganze Teig verarbeitet ist.

Die Hälfte der Spätzle in die Auflaufform geben und mit der Hälfte des Käses bestreuen. Mit Salz, Pfeffer und Paprikapulver würzen. Die restlichen Spätzle daraufschichten und den restlichen Käse darüberstreuen und ebenso würzen.

Die Form in den heißen Backofen stellen und die Käsespätzle in 10 bis 15 Minuten gratinieren. Schnittlauch waschen, trocken schütteln und grob schneiden. Die Käsespätzle aus dem Backofen nehmen und mit den Zwiebelringen sowie dem Schnittlauch garnieren.

Tipp: Dazu passt ein grüner oder ein gemischter Salat. Wer die Spätzle rustikal servieren will, richtet sie in einer gusseisernen Pfanne an.

Nährwerte pro Portion:
940 kcal • 37 g Eiweiß • 42 g Kohlenhydrate • 45 g Fett

GRATINIERTE STEAKS MIT GORGONZOLA

ZUTATEN:

Für die Käsekruste:
½ Bund Petersilie
4 Blätter Salbei
125 g Gorgonzola
125 g Paniermehl
½ TL Cayennepfeffer
1 EL weiche Butter

Für das Fleisch:
4 Rib-Eye-Steaks (à 300 g)
1 TL Salz
1 TL Pfeffer
1 EL Olivenöl

Für die Sauce:
1 Schalotte
1 EL Olivenöl
200 ml trockener Rotwein
1 TL Worcestershire-Sauce
1 EL weiche Butter
Salz
Pfeffer

ZUBEREITUNG:

Den Backofen auf 170 °C (Umluft 150 °C, Gas Stufe 2) vorheizen.

Für die Käsekruste die Petersilie und den Salbei waschen, trocken schütteln und sehr fein hacken. Petersilie, Salbei, Gorgonzola, Paniermehl, Cayennepfeffer und Butter in einer Schüssel mit einer Gabel vermengen.

Die Steaks von beiden Seiten mit Salz und Pfeffer einreiben. 1 Esslöffel Öl in eine große, ofentaugliche Pfanne geben und die Steaks auf dem Herd von beiden Seiten 30 Sekunden scharf anbraten. Pfanne vom Herd nehmen.

Auf jedes Fleischstück ein Viertel der Käsemischung geben und fest andrücken. Die Pfanne in den Backofen stellen und das Fleisch fertig garen. Nach etwa 7 Minuten sind die Steaks medium. Die Kruste sollte einige Blasen geworfen haben und leicht gebräunt sein – falls nötig, die Oberhitze erhöhen. Herausnehmen und auf einer Servierplatte ein paar Minuten ruhen lassen, damit sich der Fleischsaft im Gewebe gut verteilen kann. Die Pfanne nicht auswaschen, sondern so belassen und die Sauce darin zubereiten.

Für die Sauce die Schalotte abziehen und in feine Ringe schneiden. 1 Esslöffel Öl in der Pfanne bei schwacher Hitze erhitzen und die Schalottenringe darin anbraten, bis sie weich sind. Mit dem Wein ablöschen. Pfanne schwenken, Hitzezufuhr erhöhen und die Sauce aufkochen lassen. Nach 3 Minuten die Worcestershire-Sauce und 1 Esslöffel Butter unterrühren. Mit Salz und Pfeffer abschmecken. Die Sauce über den Steaks verteilen.

Tipp: Dazu passen Kartoffelpüree und geschmorte grüne Bohnen.

Nährwerte pro Portion:
860 kcal • 75 g Eiweiß • 26 g Kohlenhydrate • 46 g Fett

VEGANE PUFFER MIT APFELMUS

ZUTATEN:

Für das Apfelmus:
2 kg säuerliche Äpfel (z.B. Boskop)
2 Bio-Zitronen
1 Vanilleschote
5 EL Agavendicksaft
1 Zimtstange
2 Nelken

Für die Puffer:
1½ kg festkochende Kartoffeln
1 Zwiebel
150 g Kichererbsenmehl
1 EL Haferflocken
1 TL Salz
1 Prise Pfeffer
½ TL frisch geriebene Muskatnuss
2 EL Kokosöl

Außerdem:
1 Küchentuch

ZUBEREITUNG:

Für das Apfelmus die Äpfel schälen, Kerngehäuse entfernen und das Fruchtfleisch in Stücke schneiden. Die Zitronen heiß waschen und die Schale fein abreiben, ohne dass die weiße Haut mitentfernt wird. Den Saft auspressen. Die Vanilleschote längs aufschneiden und das Mark mit einem Messerrücken herauskratzen.

Apfelstücke, Zitronenschalenabrieb, Zitronensaft, Agavendicksaft, Zimtstange, Nelken und 100 Milliliter Wasser in einem Topf zum Kochen bringen. Die Hitzezufuhr reduzieren und die Äpfel etwa 15 Minuten bei schwacher Hitze köcheln lassen, bis sie weich sind. Zimtstange und Nelken entfernen. Den Topfinhalt mit einem Stabmixer zu Apfelmus pürieren.

Für die Puffer die rohen Kartoffeln schälen und fein reiben, in ein sauberes Küchentuch geben und die Flüssigkeit ausdrücken. Zwiebel abziehen und ebenso fein reiben. Kartoffelmasse, Zwiebeln, Kichererbsenmehl und Haferflocken in eine Schüssel geben, mit Salz, Pfeffer und Muskatnuss würzen und alles miteinander vermengen.

Das Öl in einer Pfanne erhitzen, die Kartoffelmasse portionsweise hineingeben und zu kleinen, dünnen Puffern verstreichen. Die Kartoffelpuffer bei schwacher Hitze von beiden Seiten langsam ausbacken. Mit dem Apfelmus servieren.

Nährwerte pro Portion:
830 kcal • 20 g Eiweiß • 164 g Kohlenhydrate • 8 g Fett

SWEET

S FOR
MY SWEET

SÜSSES MUSS NICHT
SÜNDE SEIN

WASSERMELONEN-GRANITÉ

FOTO

ZUTATEN:

600 g Wassermelone
60 g Puderzucker
1 EL frisch gepresster Zitronensaft
Scheiben von 1 Bio-Limette

Außerdem:

1 gefriergeeignete flache Form (25 × 25 cm)
etwas Puderzucker

ZUBEREITUNG:

Die Melone schälen und klein schneiden. Melonenstücke, Puderzucker und Zitrussaft in einen Mixer geben und pürieren.

Eine flache Form mit Puderzucker ausstreuen. Das Melonenpüree eingießen, die Form in den Gefrierschrank geben und das Püree etwa 1 Stunde gefrieren lassen, dabei öfters durchrühren.

Vier Gläser vorkühlen und mit dem Gratiné befüllen. Nach Belieben mit Limettenscheiben garnieren.

Nährwerte pro Portion:
132 kcal • 2 g Eiweiß • 29 g • 0 g Fett

ZITRONIGER FROZEN YOGHURT

ZUTATEN:

50 g Zucker
2 Zweige Zitronenmelisse
100 g Sahne
75 ml frisch gepresster Zitronensaft
350 g Naturjoghurt

Außerdem:

1 gefriergeeignete flache Form (25 × 20 cm)

ZUBEREITUNG:

Zucker mit 3 Esslöffel Wasser in einen kleinen Topf geben und bei mittlerer Hitze unter Rühren aufkochen. Den entstandenen Sirup auskühlen lassen. Zitronenmelisse waschen, trocken schütteln, die Blätter abzupfen und fein hacken. Die Sahne steif schlagen.

Zitronensaft, Joghurt und Zuckersirup verrühren. Die Melisse und die steif geschlagene Sahne unter die Joghurtmasse heben.

Die Zitronenmasse in eine gefriergeeignete Form geben, abdecken und für 3 bis 4 Stunden ins Gefrierfach stellen, dabei immer wieder mal durchrühren, damit keine großen Eiskristalle entstehen.

Nährwerte pro Portion:
190 kcal • 4 g Eiweiß • 18 g Kohlenhydrate • 11 g Fett

AYURVEDISCHER MILCHREIS

ZUTATEN:

500 ml Kokosmilch
2 Kapseln Kardamom
1 Nelke
1 Prise Salz
125 g Milchreis

ZUBEREITUNG:

Einen Topf kalt ausspülen und die Kokosmilch eingießen, Kardamom, Nelke und Salz zufügen und zum Kochen bringen. Den Milchreis einrühren, die Hitzezufuhr reduzieren und den Milchreis bei schwacher Hitze 15 bis 20 Minuten köcheln lassen, bis er ausgequollen ist. Vom Herd nehmen und mindestens 1 Stunde auskühlen lassen. Vor dem Verzehr die Kardamomkapseln und die Nelke entfernen.

Tipp: Schmeckt sehr gut mit frischen Beeren, Aprikosen oder Pflaumen. Wer mag, würzt den Milchreis auch mit Zimt.

Nährwerte pro Portion:
368 kcal • 5 g Eiweiß • 32 g Kohlenhydrate • 27 g Fett

GOJI-INGWER-EISCREME

ZUTATEN:

4 cm Ingwer
6 Datteln
2 Bananen
200 g Gojibeeren
100 g Cashewkerne
500 ml Reismilch

Außerdem:
1 Eismaschine

ZUBEREITUNG:

Ingwer schälen und fein reiben. Datteln würfeln. Bananen schälen und in Stücke brechen. Zusammen mit Gojibeeren und Cashewkernen in einem Mixer pürieren. Reismilch zufügen und erneut mixen. Die Fruchtmasse für 30 Minuten in eine Eismaschine geben.

Tipp: Wenn der Mixer nicht so stark ist, Gojibeeren und Cashewkerne vorab 30 Minuten in Wasser einweichen. Ohne Eismaschine die pürierte Masse in eine gefriergeeignete Form geben und ins Gefrierfach stellen. Alle 30 Minuten durchrühren und am Rand entlangkratzen, damit keine großen Eiskristalle entstehen. Dies etwa 4 Stunden lang wiederholen, bis die Masse gleichmäßig durchgefroren ist.

Nährwerte pro Portion:
438 kcal • 11 g Eiweiß • 65 g Kohlenhydrate • 15 g Fett

SCHOKO-BROWNIES

ZUTATEN:

Zutaten für 1 Backblech

½ Blumenkohl

75 g Tofu

125 ml Haselnussmilch

75 g Bitterschokolade (90 % Kakao)

125 g Pflanzenmargarine

3 TL Stevia

3 Eier

125 g Kokosraspel

75 g Mandelmehl

2 TL gemahlener Zimt

½ TL frisch geriebene Muskatnuss

½ TL gemahlener Kardamom

3 EL Kakaopulver

½ TL Backpulver

1 Prise Salz

Außerdem:

1 EL Rapsöl für das Backblech

ZUBEREITUNG:

Den Backofen auf 200 °C (Umluft 180 °C, Gas Stufe 3–4) vorheizen. Ein Backblech mit einem hohen Rand mit Rapsöl einfetten.

Den Blumenkohl putzen, waschen, in kleine Röschen zerteilen und in einem Mixer zu kleinen Krümeln verarbeiten. Tofu dazugeben und kurz mitschreddern.

Die Haselnussmilch erwärmen, Schokolade und Pflanzenmargarine dazugeben und umrühren, bis sich beide darin aufgelöst haben. Stevia dazugeben und einrühren.

Die gewürzte Milch zum Blumenkohl-Tofu-Mix in den Mixer geben und alles zu einer glatten Masse verarbeiten.

Die Masse in eine Schüssel füllen. Die Eier dazugeben und unterrühren. Kokosraspel, Mandelmehl, Zimt, Muskatnuss, Kardamom, Kakaopulver, Backpulver und Salz zufügen und alles miteinander vermischen.

Die Browniemasse auf dem Backblech verstreichen und 30 bis 40 Minuten, je nach Größe des Blechs und Dicke der Brownies, im heißen Backofen backen. Nach dem Auskühlen in zwölf Quadrate schneiden.

Tipp: Wer eine Brownieform zur Hand hat, kann die Masse auch darin backen.

Nährwerte pro Portion:
250 kcal • 8 g Eiweiß • 6 g Kohlenhydrate • 21 g Fett

CRÊPES MIT FRISCHEN ERDBEEREN

ZUTATEN:

250 g Mehl
4 Eier
1 Päckchen Vanillezucker
1 Prise Salz
500 ml Milch
50 ml Mineralwasser mit Kohlensäure
4 TL Butter
400 g gemischte Beeren (z.B. Erdbeeren, Brombeeren)

ZUBEREITUNG:

In einer Schüssel Mehl, Eier, Vanillezucker und Salz miteinander verrühren. Die Milch nach und nach unter Rühren dazugeben und alles zu einem dünnflüssigen glatten Teig verrühren. Den Teig 15 Minuten quellen lassen. Zum Schluss etwas Mineralwasser hinzugeben, damit die Crêpes luftiger und knuspriger werden können.

Etwas Butter bei mittlerer Hitze in einer beschichteten (Crêpe-)Pfanne zerlassen und den Crêpeteig darin portionsweise ausbacken. Dazu mit einer kleinen Schöpfkelle den Teig in kreisenden Bewegungen auf den warmen Pfannenboden in dünner Schicht verteilen und bei Bedarf die Pfanne dann schwenken, damit der Teig gut verlaufen kann. Die Crêpes erst auf einer Seite hellbraun backen, dann wenden und die andere Seite ausbacken. Herausnehmen und den restlichen Teig genauso in der restlichen Butter ausbacken.

Die Beeren waschen, putzen und nach Bedarf halbieren. Die Crêpes mit den Beeren anrichten.

Tipp: Mit Minze garnieren.

Nährwerte pro Portion:
450 kcal • 18 g Eiweiß • 59 g Kohlenhydrate • 16 g Fett

APRIKOSEN-CRUMBLE

ZUTATEN:

Für die Streusel:
60 g Mehl
2½ EL zarte Haferflocken
30 g Butter
1 TL Zitronenschale
1 EL Honig

Für die Füllung:
250 g Aprikosen
15 g zarte Haferflocken
2 EL Honig

Außerdem:
4 feuerfeste Förmchen (à 10 cm Ø)
1 EL Rapsöl zum Einfetten

ZUBEREITUNG:

Für die Streusel Mehl, Haferflocken, Butter, Zitronenschale und Honig miteinander verkneten. Den Teig kalt stellen.

Den Backofen bei 200 °C (Umluft 180 °C, Gas Stufe 3–4) vorheizen. Feuerfeste Förmchen mit Rapsöl einfetten.

Für die Füllung die Aprikosen waschen, halbieren, entsteinen und die Fruchthälften nochmals halbieren. Die Aprikosenviertel mit Haferflocken und Honig vermischen und in die Förmchen geben.

Den gekühlten Teig in kleinen Portionen zwischen dem Daumen und den anderen Fingern einer Hand zu Streuseln zerreiben und diese auf die Füllung setzen.

Die Förmchen in den heißen Backofen stellen und den Crumble in rund 30 Minuten backen.

Nährwerte pro Portion:
211 kcal • 3 g Eiweiß • 34 g Kohlenhydrate • 7 g Fett

BANANENBROT-TRAUM

ZUTATEN:

180 g Dinkelmehl (Typ 1050)
½ Päckchen Backpulver
½ TL Natron
¼ TL Salz
50 g Rohrohrzucker
1 Päckchen Vanillezucker
8 Walnüsse
2 reife Bananen
80 ml Pflanzenmilch (z.B. Dinkel, Hafer, Mandel)
80 ml Walnussöl
50 g Agavendicksaft

Außerdem:
1 Kastenform (25 cm Länge)

ZUBEREITUNG:

Den Backofen auf 195 °C (175 °C Umluft, Gas Stufe 3–4) vorheizen. Eine kleine Kastenform einfetten.

In einer kleinen Schüssel Mehl, Backpulver, Natron, Salz, Rohrzucker und Vanillezucker miteinander vermischen. Die Walnüsse fein hacken und hinzufügen.

Die Bananen schälen und in einer großen Schüssel zerdrücken. Pflanzenmilch, Walnussöl und Agavendicksaft dazugeben. Die trockenen Zutaten aus der kleinen Schüssel mit einem Schneebesen unterrühren, bis eine homogen feuchte Masse enstanden ist.

Die Masse in die Form füllen und das Bananenbrot im heißen Backofen 35 bis 40 Minuten backen. Eine Stäbchenprobe machen. Dafür ein Holzspieß in das Brot stecken – ist es nach dem Herausziehen trocken, ist das Brot fertig.

Die Form aus dem Backofen nehmen und das Bananenbrot in der Form auskühlen lassen, bevor es entnommen wird. Das Brot in zwölf Stücke schneiden.

Nährwerte pro Portion:
184 kcal • 3 g Eiweiß • 21 g Kohlenhydrate • 9 g Fett

LOW-CARB-WALNUSS-HIMBEER-MUFFINS

ZUTATEN:

Zutaten für 12 Stück

100 g Himbeeren
4 Eier
1 Prise Salz
½ TL Backpulver
100 ml Rapsöl
1 TL Chiasamen
2 EL Xylit (Süßungsmittel)
200 g gemahlene Mandeln
15 g Walnüsse

Außerdem:

1 Muffinblech
12 Papier-Muffinförmchen

ZUBEREITUNG:

Den Backofen auf 175 °C (Umluft 155 °C, Gas Stufe 2–3) vorheizen. Ein Muffinblech mit Papierförmchen auskleiden.

Die Himbeeren putzen. Die Eier trennen. Das Eiweiß mit 1 Prise Salz steif schlagen. Das Eigelb mit Backpulver und Öl verrühren, Chiasamen, Xylit, Mandeln dazugeben. Die Walnüsse mit den Händen grob zerkleinern und ebenfalls untermischen. Das steif geschlagene Eiweiß vorsichtig unter die Eigelb-Nüsse-Masse heben. Zum Schluss die Himbeeren unterheben.

Die Masse so in die Muffinförmchen füllen, dass diese nur zu maximal drei Viertel ihrer Höhe gefüllt werden. Die Muffins im heißen Backofen 20 bis 25 Minuten backen.

Hinweis: Wer nicht Low Carb unterwegs ist, kann dem Ganzen für mehr Süße noch 2 Esslöffel Zucker beimengen. Die Muffins schmecken ohne Zucker zwar nussig und lecker, aber eben nicht sehr süß.

Tipp: Außerhalb der Saison sind TK-Himbeeren die beste Alternative. Diese müssen vorher antauen, weil sonst der Teig nicht richtig durchgart.

Info: Xylit trägt auch den Namen »Birkenzucker«. In Skandinavien ist der aus Birkenrinde gewonnene Zuckeralkohol bekannter als in Deutschland.

Nährwerte pro Portion:
210 kcal • 6 g Eiweiß • 3 g Kohlenhydrate • 20 g Fett

CHEESECAKE-MUFFINS MIT BEEREN

ZUTATEN:

Zutaten für 12 Stück

100 g Beeren (z.B. Himbeeren, Heidelbeeren, Erdbeeren)
50 g Butter
20 g Butterkekse
500 g Magerquark
130 g Zucker
1 Päckchen Vanillezucker
3 Eier
1 EL Speisestärke

Außerdem:
Muffinförmchen aus Silikon

ZUBEREITUNG:

Den Backofen auf 200 °C (Umluft 180 °C, Gas Stufe 3–4) vorheizen. Muffinförmchen aus Silikon bereitstellen. Die Beeren nach Bedarf putzen.

Die Butter in einem Wasserbad schmelzen. Dafür Wasser in einem Topf erhitzen und eine Rührschüssel aus Edelstahl aufsetzen. Butter hineingeben und durch die indirekte Hitze zerlassen.

Währenddessen die Kekse in einen Plastikbeutel geben, diesen verschließen und die Kekse zerbröseln – das geht gut mit einem Teigroller. Die Keksbrösel unter die flüssige Butter mischen. Mit dieser Masse die Böden der Silikon-Muffinförmchen gleichmäßig auslegen und die Masse gut andrücken. Die Förmchen für etwa 5 Minuten in den Backofen geben, damit der Teigboden fest werden kann.

Für die Füllung Quark, Zucker und Vanillezucker mit den Quirlen eines Handrührgerätes aufschlagen, bis die Masse cremig geworden ist. Die Eier dazugeben und mitmixen. Die Speisestärke über die Quarkcreme sieben und einrühren.

Die Förmchen aus dem Backofen holen und nur so viel Quarkmasse auf die Keksböden geben, dass die Förmchen zu drei Viertel ihrer Höhe gefüllt werden. 5 bis 6 Beeren in jede Form geben. Die Förmchen erneut in den heißen Backofen stellen und die Muffins in etwa 30 Minuten fertig backen.

Tipp: Die Küchlein lassen sich aus Silikonförmchen nach dem Backen optimal lösen, sogar ohne dass diese eingefettet werden. Papierförmchen können die Masse nur halten, wenn sie zusätzlich in einem Muffinblech aus Metall stehen.

Nährwerte pro Portion:
143 kcal • 7 g Eiweiß • 15 g Kohlenhydrate • 5 g Fett

SCHOKOLADENSOUFFLÉ MIT GESALZENEM KARAMELLSIRUP

ZUTATEN:

Für den Karamellsirup:

125 g Zucker

1 TL Meersalz (Flocken)

Für das Soufflé:

100 g Schokolade (70 % Kakao)

4 Eier

1 Messerspitze Backpulver

100 g Zucker

Außerdem:

4 Förmchen (à 300 ml Inhalt)

Butter und Zucker für die Förmchen

ZUBEREITUNG:

Für den Karamellsirup Zucker in einen Topf mit schwerem Boden geben und langsam erwärmen. Dabei ab und zu umrühren, bis sich der Zucker löst. Sobald der Zucker flüssig ist, 50 Milliliter Wasser dazugeben, die Hitzezufuhr erhöhen und alles zum Kochen bringen. Jetzt nicht mehr umrühren! Nach rund 7 Minuten beginnt das Ganze an den Rändern braun zu werden. Damit nichts anbrennt, den Topf nicht aus den Augen lassen und nun leicht umrühren, sodass alles gleichmäßig bräunen kann. Wenn die Masse richtig braun ist, vorsichtig das Salz und 125 Milliliter Wasser dazugeben. 2 Minuten köcheln lassen, vom Herd nehmen und abkühlen lassen.

Den Backofen auf 220 °C (Umluft 200 °C, Gas Stufe 4–5) vorheizen. Vier Förmchen buttern und mit einer Prise Zucker ausstreuen.

Schokolade im Wasserbad schmelzen. Dafür Wasser in einem Topf erhitzen, nicht aufkochen, und eine Rührschüssel aus Edelstahl aufsetzen. Die Schokolade darin unter Rühren schmelzen lassen.

Die Eier trennen. Eiweiß mit Backpulver sehr steif schlagen, dabei nach und nach den Zucker dazugeben. Die Schüssel aus dem Wasserbad nehmen und die Eigelbe in die geschmolzene Schokolade einrühren. Ein Drittel des Eiweißes in die Schokolade rühren. Die Schokomasse zum restlichen Eiweiß gießen und vorsichtig vermischen.

Die Soufflémasse auf die Förmchen verteilen und auf der mittleren Schiene im heißen Backofen in 12 bis 14 Minuten backen, bis sie aufgegangen und fest ist. In der Zeit den Backofen auf keinen Fall öffnen, da die Soufflés sonst zusammenfallen! Aus dem Backofen nehmen, sofort mit Karamellsirup beträufeln und servieren.

Nährwerte pro Portion:
442 kcal • 9 g Eiweiß • 67 g Kohlenhydrate • 15 g Fett

SCHOKO-PROTEIN-BISKUITROLLE

ZUTATEN:

Für die Füllung:

1 Päckchen Schoko-Puddingpulver

1 EL brauner Zucker

300 ml Mandelmilch

Für den Teig:

1 Ei

2 Eiweiß

100 g Kokosmehl

50 g Whey-Protein Vanille

Päckchen Backpulver

200 ml Mandelmilch

2 EL Agavendicksaft

Außerdem:

1 Küchentuch

ZUBEREITUNG:

Für die Füllung Puddingpulver und Zucker in eine kleine Schüssel geben. 6 Esslöffel Mandelmilch dazugeben und alles mit einem Schneebesen glatt rühren. Die restliche Mandelmilch in einem Topf zum Kochen bringen. Die Puddingmischung unter Rühren in die kochende Milch geben und einmal aufkochen lassen. Den Topf vom Herd nehmen und den Pudding abkühlen lassen.

Den Backofen auf 160 °C (Umluft 140 °C, Gas Stufe 1–2) vorheizen. Ein Backblech mit Backpapier auslegen.

Für den Teig das Ei trennen und das gesamte Eiweiß steif schlagen. Das Eigelb mit Kokosmehl, Whey-Protein, Backpulver, Mandelmilch und Agavendicksaft zu einem Teig vermischen. Das Eiweiß vorsichtig unterheben und den Teig auf dem Backblech verstreichen. Den Teig 10 bis 12 Minuten im Backofen backen.

Ein Küchentuch befeuchten und Backpapier in Blechgröße darauf auslegen. Den Teig aus dem Backofen holen und sofort auf das Backpapier auf dem Tuch stürzen. Das alte Papier, was nun oben liegt, vorsichtig abziehen. Sollte zu viel Teig daran hängen, das Papier anfeuchten.

Den Teig mit dem Schokoladenpudding bestreichen und einrollen, dabei vom Backpapier lösen. Die gefüllte Teigrolle in Alufolie wickeln und im Kühlschrank rund 2 bis 3 Stunden auskühlen lassen. In zehn Stücke schneiden.

Tipp: Statt Kokosmehl Mandelmehl oder gemahlene Haferflocken verwenden.

Nährwerte pro Portion:
86 kcal • 8 g Eiweiß • 10 g Kohlenhydrate • 3 g Fett

FEIGENTARTE

ZUTATEN:

Für den Teig:
6 Eier
1 TL Backpulver
200 g Mandelmehl
1 Bio-Orange
4 EL Honig

Für den Belag:
350 g Feigen

Für den Sirup:
2 Bio-Orangen
2 EL Honig

Außerdem:
1 Tarteform
1 TL Kokosöl für die Form

ZUBEREITUNG:

Den Backofen auf 160 °C (Umluft 140 °C, Gas Stufe 1–2) vorheizen.

Eine Tarteform mit Kokosöl einfetten.

Für den Teig die Eier in eine große Schüssel aufschlagen und mit einem Handrührgerät auf höchster Stufe schaumig rühren, bis sie hell und luftig sind. Nach und nach Backpulver und Mandelmehl unterrühren.

Die Orange heiß waschen und die Schale fein abreiben, ohne dass die weiße Haut mitentfernt wird. Die Orangenschale und den Honig in die Eimischung einarbeiten. Die Masse in die Tarteform füllen.

Für den Belag die Feigen waschen und je nach Größe vierteln oder achteln. Den Großteil (etwa 250 Gramm) mit dem Fruchtfleisch nach oben kreisförmig auf dem Boden verteilen und dabei leicht in den Teig drücken. Die Tarte auf der mittleren Schiene im heißen Backofen 30 Minuten goldbraun backen.

Währenddessen die Orangen für den Sirup waschen, die Schale abreiben und den Saft auspressen. Orangenabrieb, Orangensaft und Honig in eine Pfanne geben und bei mittlerer Hitze unter Rühren so lange erhitzen, bis ein dickflüssiger Sirup entstanden ist.

Die Tarte aus dem Backofen nehmen und mit dem Honig-Orangen-Sirup beträufeln. Die Tarte in 12 Stücke schneiden und mit den restlichen Feigen garnieren.

Nährwerte pro Portion:
151 kcal • 13 g Eiweiß • 12 g Kohlenhydrate • 5 g Fett

ANHANG

REGISTER

E

F

G

H

J

K

Q

R

S

W

X

Z

DIE AUTORIN

©Ahmed El-Hanjoul

Gabriele Giesler hat Oecotrophologie studiert und ist Profi rund um das Thema Ernährung. Seit über sechs Jahren betreut die Ernährungswissenschaftlerin den Food-Bereich bei den Magazinen *Women's Health* und *Men's Health*.

ISBN 978-3-517-09570-7

1. Auflage 2017

© 2017 by Südwest Verlag, München, in der Verlagsgruppe Random House GmbH, Neumarkter Str. 28, 81673 München

Alle Rechte vorbehalten. Vollständige oder auszugsweise Reproduktion, gleich welcher Form (Fotokopie, Mikrofilm, elektronische Datenverarbeitung oder andere Verfahren), Vervielfältigung und Weitergabe von Vervielfältigungen nur mit schriftlicher Genehmigung des Verlags.

Der Verlag weist ausdrücklich darauf hin, dass im Text enthaltene externe Links vom Verlag nur bis zum Zeitpunkt der Buchveröffentlichung eingesehen werden konnten. Auf spätere Veränderungen hat der Verlag keinerlei Einfluss. Eine Haftung des Verlags ist daher ausgeschlossen.

Hinweis: Das vorliegende Buch ist sorgfältig erarbeitet worden. Dennoch erfolgen alle Angaben ohne Gewähr. Weder die Autorin noch der Verlag können für eventuelle Nachteile oder Schäden, die aus den im Buch gegebenen Hinweisen resultieren, eine Haftung übernehmen.

Redaktionsleitung: Silke Kirsch
Projektleitung: Stefanie Heim
Bildredaktion: Tanja Zielezniak
Lektorat: Dr. Ute Paul-Prößler
Layout: OH, JA! (www.oh-ja.com)
Satz: Lothar Reiserer, textbildsinn
Umschlaggestaltung: OH, JA!, München, unter Verwendung eines Fotos von © shutterstock/offset/Shea Evans

Bildnachweis:

fotolia: 35 (Brent Hofacker), 47 (Kitty), 63 (manyakotic), 122 (olhaafanasieva); Hendricks, Natscha: Icons; istockphoto: 20 (Elet1), 26 (bhofack2), 50 (martinturzak), 81 (Sohadiszno), 101 (barol16), 104 (haha21), 132 (rjgrant), 138 (Anna Pustynnikova), 160 (Lisovskaya), 173 (Olha Afanasieva); Offset-Shutterstock: U1, 110 (Shea Evans); Shutterstock: 11 li. (nexus 7), 11 re. (megastocker), 12 o. li. (Maksym Dykha), 12 o. re. (thefoodphotographer), 12 u. li. (M. Unal Ozmen), 23 (Alena Haurylik), 32 (Saharosa40), 38 (Nataliya Arzamasova), 61 (Maria Shumova), 72 (Brent Hofacker), 76 (Yulia Furman), 82 (zi3000), 90 (Slawomir Fajer), 96 (marco mayer), 107 (MShev), 114(Chudovska), 119 (thefoodphotographcr), 128 (Anna Pustynnikova), 143 (eugena-klykova), 146 (Nataliya Arzamasova), 153 (margouillat photo), 168 (Liliya Kandrashevich), 177 (Shebeko); Stockfood: 56 (Fotos mit Geschmack), 68 (Jörg Lehmann), 87 (Rua Castilho), 156 (Chris Meier); Südwest Verlag: 42 (Klaus Arras), 163 (Maike Jessen); Vitamix: 12 m. li.

Reproduktion: Mohn media Mohndruck GmbH, Gütersloh

Druck und Bindung: DZS Grafik, Ljubljana

Printed in Slovenia

FSC www.fsc.org MIX Papier aus verantwortungsvollen Quellen FSC® C112556

Verlagsgruppe Random House FSC® N001967